hte

Zeitschrift f… …ichte
Heft XVIII/2 Sommer 2024

Eastern Underground

Herausgegeben von
Hana Gründler & Jörg Völlnagel

Deutsches Literaturarchiv Marbach
Klassik Stiftung Weimar
Herzog August Bibliothek Wolfenbüttel
Wissenschaftskolleg zu Berlin
Stiftung Preußischer Kulturbesitz Berlin
Kunsthistorisches Institut in Florenz – MPI
Leibniz-Zentrum für Literatur- und Kulturforschung

Redaktionsadresse:
Zeitschrift für Ideengeschichte
Wissenschaftskolleg zu Berlin
Wallotstraße 19
14193 Berlin

www.z-i-g.de
www.chbeck.de

Die Zeitschrift für Ideengeschichte erscheint viermal jährlich und ist auch im Abonnement erhältlich.

Bezugspreis:
Einzelheft: € 20,00 [D]; € 20,60 [A];
als E-Book: € 12,99
Jährlich: € 64,00
inkl. Vertriebsgebühren (Inland); zzgl. € 30,00 (Ausland)
Sonderpreis: € 52,00
inkl. Vertriebsgebühren (Inland); zzgl. € 30,00 (Ausland)
Der Sonderpreis gilt für Mitglieder der mit den Herausgeber-Institutionen und ihren Museen, Archiven, Bibliotheken und Instituten verbundenen Vereine gemäß der Liste auf www.z-i-g.de, für Mitglieder des Verbands der Historiker und Historikerinnen Deutschlands e.V. und des Verbands der Geschichtslehrer Deutschlands e.V. sowie für Abonnenten der Marbacher Magazine.

Abo-Service:
Telefon (089) 381 89-750 • Fax (089) 381 89-402
E-Mail: Kundenservice@beck.de

Gestaltung:
vsp-komm.de

Layout und Herstellung:
Simone Decker

Druck und Bindung:
Beltz Grafische Betriebe GmbH, Bad Langensalza

ISSN 1863-8937 • Postvertriebsnummer 74142
ISBN gedruckte Ausgabe 978-3-406-81577-5
ISBN E-Book-Ausgabe 978-3-406-81581-2

Verlag C.H.Beck, Wilhelmstr. 9, 80801 München

myclimate
verantwortungsbewusst produziert
www.chbeck.de/nachhaltig

Im nächsten Heft: Unternehmen Unseld. Mit Beiträgen von Mara Delius, Rainald Goetz, Ina Hartwig, Florian Illies, Niklas Maak und weiteren.

Zum Thema

Marcel Duchamp beendete 1961 seine Philadelphia-Lecture *Where do we go from here?* mit den Worten, dass der «große Künstler von morgen in den Untergrund gehen werde». Auch wenn diese Prognose für Duchamp wohl nur bedingt zutrifft, offenbart sie eine für die sechziger und siebziger Jahre charakteristische Stimmung, die «echte» und «freie» Kunst statt im Rahmen des Offiziellen, im «subversiven» Raum des Untergrundes zu verorten. Weniger bekannt ist hingegen, dass es der tschechische Kunsttheoretiker Jindřich Chalupecký war, der das Manuskript des Vortrags 1975 erstmals in der Zeitschrift *Studio International* veröffentlichte und auf die Austauschbeziehungen von Duchamps Denken mit der inoffiziellen Kunstszene der ČSSR und anderer sowjetischer Satellitenstaaten hinwies.

Going Underground – traf in den Ländern des Ostblocks einen Nerv. Die Kulissen konnten dabei nicht verschiedener sein. Anders als im Westen, wo die neuen experimentellen Spielformen der «subversiven» Kunst oft recht bald vom Kunstmarkt absorbiert und eingepreist wurden, beschrieb die Kulturpraxis *Underground* im Osten einen existentiellen Ort und oft letzten Freiheitsraum für die künstlerische Betätigung. Wenn wir heute über ein halbes Jahrhundert später die Zeitkapsel *Eastern Underground* öffnen, müssen wir wieder ein Sensorium ausbilden für die spezifische Lage der Kunst in einer totalitären Gesellschaft. Radikale Gesten der Vereinzelung, der Absonderung, auch des «Nichtstuns», konnten als Antidot gegen eine staatlich infiltrierte Dauerpolitisierung durchaus «politische» Aktionen sein, auch wenn sie dem westlichen intellektuellen Rollenprofil eines stets sozial «engagierten» Künstlers und Literaten diametral widersprachen.

Bei der Kartographierung einer mittel- und osteuropäischen alternativen Szene versucht das Heft, die alten Kategorisierungen («offiziell»/«inoffiziell»; «politisch»/«unpolitisch») zu hinterfragen und die fluiden Übergänge nachzuzeichnen. Weder war die «inoffizielle» Szene in der DDR, der ČSSR, in Ungarn, Polen und schon gar nicht in Jugoslawien eine monolithische Einheit, noch stellte sie eine geschlossene Echokammer dar. Sie unterlag denselben Friktionen, sozialen Mechanismen und Machtkämpfen wie die staatliche Kultur und bewegte sich im steten Spannungsfeld von Austausch mit westlichen Positionen, orchestrierten Infiltrationen seitens der repressiven Regime und utopischen Reinheitsphantasien. Dazu produzierte der *Underground* mit der «kritischen» Selbstimmunisierung fortdauernd verführerische Idealisierungen und «unkritische» Heiligenlegenden – bis in die Jetztzeit.

Going Establishment – der Zusammenbruch der Sowjetunion und die osteuropäischen Revolutionen in den Wendejahren um 1990 brachten auch die alten Rollen durcheinander. So manche Figur aus einer «Gegenkultur» tauchte nun auf der politischen Bühne im internationalen Rampenlicht auf. Statt dies allein als ein Zeichen für die korrumpierende Kraft des Establishments zu entlarven, kann man es auch als Erfolgsgeschichte lesen: Die mikroethischen Gesten und Praktiken, kurz die künstlerische Kleinarbeit, die sich hinter dem für den ästhetischen Transfer immer auch durchlässigen *Nylon Curtain* (Billy Joel) abgespielt hat, trug zu einer Öffnung und zu gesellschaftspolitischen Reformen bei. Und das sollte den neuen künstlerischen Aktivisten und Graswurzelavantgarden heute ebenfalls Mut machen; nicht nur in Mittel- und Osteuropa, wo sie von den oftmals autoritär regierten Nachfolgestaaten aus dem öffentlichen Raum gedrängt werden, sondern auch anderswo.

Hana Gründler
Jörg Völlnagel

Isotta Poggi

Wieckhorst, Spiegelungen verletzbarer Räume

«Sich ein Bild machen» – von der unabhängigen Kunstszene, und dieses Bild zugleich wieder in den Dialog ziehen und mit dem Widerspruch der Kunst konfrontieren –, dazu laden die Begegnungen mit den Fotoserien von Karin Wieckhorst ein. Unter den Fotokünstlern der DDR ist die Künstlerin, die fünf Jahrzehnte als dokumentarische Fotografin für das Museum für Völkerkunde in Leipzig tätig war, immer noch eine der weniger bekannten.

Ihre Fotoserie *Begegnungen in Ateliers*, die zuerst im Oktober 1987 in der Galerie *Eigen + Art* in Leipzig gezeigt wurde, ist weniger eine fotografische Dokumentation von Künstlern in ihren Studios, als vielmehr eine kollaborative Unternehmung. Dabei trifft auch Wieckhorsts Kameraperspektive und ihr künstlerischer Dialog mit den Porträtierten auf ihren ethnologisch geschärften Blick für die Eigentümlichkeiten, Obsessionen, auch Widersprüchlichkeiten der inoffiziellen Kunstszene.

Begegnungen in Ateliers

Begegnungen in Ateliers zeigt sechsundzwanzig Künstlerporträts auf jeweils dreigeteilten Tafeln.[1] Die erste Fotografie ist recht statisch als Gesamtschau gehalten, sie zeigt die Künstlerin oder den Künstler, umgeben von Bildern und Requisiten im Atelier; die zweite Fotografie zeigt in Nahaufnahme das Gesicht, während das dritte Foto dasselbe Porträt noch einmal reproduziert – dieses aber dem Porträtierten zur künstlerischen Bearbeitung über-

1 Die montierten Tafeln messen – bis auf vier Ausnahmen in Überformaten – jeweils 137 × 91 cm. Die Ausnahmen betreffen die Porträts von Klaus Hähner-Springmühl, Veit Hofmann, Michael Kunert, Walter Libuda, Klaus Killisch und Olaf Wegewitz.

lassen hat. Das Porträt wird so zurückverwandelt zu einer freien Leinwand, zur Aktionsfläche des passiv Porträtierten, zur Bühne für Imagination, Intervention und Selbstdarstellung. Durch die Installation aller Tafeln eröffnet sich das kaleidoskopische Panorama einer aktiven, lebendigen Künstlergemeinschaft. Erst die Gegenüberstellung der Porträts sensibilisiert für die Unterschiede in der Persönlichkeit und der Körpersprache und ermöglicht es zugleich, den individuellen Stil und die ästhetischen Entscheidungen der Künstler zu vergleichen.[2] Im Widerspiel von Porträt und Porträtierten, Foto und Übermalungen, sind so sechsundzwanzig in ihrer Bild- und Formsprache sich überkreuzende Künstlertriptychons entstanden, die der doktrinär versiegelten offiziellen Kultur der DDR den Spiegel einer sich produktiv durch Kritik und Widerspruch in Bewegung haltenden Gegenkunst vorhielten *(Abb. 1)*.

Viele der Porträtierten waren wie Karin Wieckhorst (geb. 1942) in den letzten Kriegsjahren oder in den unmittelbaren Nachkriegsjahren geboren; sie waren in der DDR sozialisiert worden und standen im Herbst 1987 zur Zeit der Leipziger Ausstellung in der Mitte ihres Lebens.[3] Zu ihnen zählte auch Lutz Dammbeck, der ein Jahr zuvor in den Westen emigriert und nun lediglich durch seine künstlerische Repräsentation anwesend war. Die jüngeren «Ausreißer» in der Reihe waren Sabine Herrmann (geb. 1961) und Neo Rauch (geb. 1960), der sich 1985 als aufstrebender Mittzwanziger in einem Jugendstil-Ensemble in Szene setzte, unter einem Stuckkranz vor den lichtdurchfluteten, dreiflügeligen Fenstern seines Atelier-Erkerzimmers. Viele der Porträtierten kannten sich über die Hochschule für Grafik und Buchkunst in Leipzig, an der auch Karin Wieckhorst um 1970 eingeschrieben war. Die meisten waren Mitglieder im Verband Bildender Künstler der DDR. Ein paar von ihnen hatten sich schon einen Namen gemacht und an der großen Kunstausstellung der DDR in Dresden teilgenommen.[4]

Eigen+Art, der Werkstatt-Kunstraum von Gerd Harry «Judy» Lybke, huldigte nicht nur dem individuellen Stil und Eigensinn im Namen der Galerie. Wie so viele subkulturelle Initiativen, die lose aus Freundschaftsverbindungen erwuchsen, begann auch Lybke sein Wirken 1983 aus einer Privatwohnung heraus. Ein

2 Die gesamte Serie findet sich im Ausstellungskatalog: Karin Wieckhorst: Begegnungen, Leipzig, Museum der bildenden Künste, 2018. Ich danke Karin Wieckhorst und Jeannette Stoschek, Leiterin der Sammlungen des Museums der bildenden Künste (MdbK, Leipzig), dass ich die Serie 2023 besichtigen durfte. Im Jahr 2018 kontextualisierte das MdbK die «Begegnungen» mit einer Serie von Porträts von Frauen, die Wieckhorst kurz nach der deutschen Wiedervereinigung aufgenommen und interviewt hatte.

3 Zur Generation der in den 1940er und 1950er Jahren Geborenen zählen aus der Gruppe der Porträtierten: Lutz Dammbeck, Hartwig Ebersbach, Tobias Ellmann, Günter Firit, Eberhard Göschel, Clemens Gröszer, Klaus Hähner-Springmühl, Angela Hampel, Andreas Hanske, Frieder Heinze, Veit Hofmann, Klaus Killisch, Michael Kunert, Walter Libuda, Reinhard Sandner, Christine Schlegel, Gerd Sonntag, Gudrun Trendafilov, Olaf Wegewitz, Trak Wendisch und Karla Woisnitza. Die in den 1930er Jahren geborenen Künstler waren Günther Huniat, Otto Möhwald und Max Uhlig.

4 Lutz Dammbeck, Günter Firit, Eberhard Göschel, Frieder Heinze, Günther Huniat, Walter Libuda und Max Uhlig hatten 1982 an der IX. Kunstausstellung der DDR in Dresden teilgenommen.

Abb. 1
«Freude an der Begegnung – innere Beweglichkeit». Uwe Frauendorf: Kontaktabzug mit Fotos zur Ausstellungsinstallation «Begegnungen in Ateliers», Leipzig 1987.

paar Jahre später zog Lybke in die Fritz-Austel-Straße (heute Bornaische Straße), wo auch die Ausstellung *Begegnungen in Ateliers* zum ersten Mal gezeigt wurde. Außerhalb des staatlich sanktionierten Galeriesystems wurden bei *Eigen + Art* bis Ende der 1980er Jahre über fünfzig Ausstellungen von Künstlerinnen und Künstlern aus der DDR (und einigen wenigen aus dem Ausland) kuratiert. Wieckhorst wiederum hatte schon vor der Ausstellung als Fotografin der alternativen Szene Bekanntheit erlangt. Sie hatte den *Ersten Leipziger Herbstsalon* 1984 und auch das Intermedia-Festival 1985 in Coswig als Fotografin begleitet.[5]

Mit sicherem Instinkt, auch für den Nachruhm seiner Galerie, ließ Lybke die Ausstellungen mit Texten und Broschüren dokumentarisch begleiten. Am Ende eines Jahres bot er Originalgrafiken und Fotodrucke der zuvor ausgestellten Künstler als Jahresgaben in limitierter Auflage an, garniert mit Texten aus der Kunstkritik als flankierendem Beiwerk. Im Dossier zu Karin Wieckhorsts Ausstellung *Begegnungen in Ateliers* findet sich ein denkwürdiger Text der Kunstkritikerin Gabriele Muschter, der den prozessualen Charakter der Fotoserie im Medium eines interpretationsoffenen, sich stets neu befragenden Textes spiegelt.[6] Im Mittelpunkt dieses eine Seite umfassenden Textes im anspielungsreichen, poetischen Stil eines Manifests steht der Begriff der «Begegnung», den die Kunstkritikerin von elementar bildtheoretischen über existenzielle Fragen bis zu zwischenmenschlichen Beziehungen auffächert *(Abb. 2)*.

5 Den «Ersten Leipziger Herbstsalon» hatte Lutz Dammbeck maßgeblich mitorganisiert. Vgl. dazu auch den Beitrag von Matteo Bertelé in dieser Ausgabe.

6 Gabriele Muschter starb im Herbst 2023. Meinen Beitrag, der eine ihrer Assoziationen («Spiegelung verletzbarer Räume») im Titel ausstellt, widme ich dieser bedeutenden Kunstkritikerin und Foto-Historikerin.

Karin Wiekhorst bei EIGEN + ART vom 2.10.-25.10.1987

Assoziationen zu dem Projekt "Begegnungen in Ateliers", fotografiert von Karin Wiekhorst, übermalt von den begegneten Künstlern

Sich ein Bild machen.
Du sollst dir kein Bild machen.
Andere sich ein Bild machen lassen.
Künstler im Atelier vor eigenem Bild aufgenommen.
Begegnungen im Raum herbeiführen, die Risiko, Abenteuer, auch Selbstbestätigung sein können.
Begegnung im Dialog mit der Fotografin.
Dialog mit sich selbst.
Dialog mit einem Abbild, von fremder Hand geschaffen, mittels Maschine.
Mit anderen Augen gesehen. Was sehen die eigenen Augen ?
Nach fremdem Empfinden ausgewählt. Was ist das eigene Empfinden ?
Bildnis als Erinnerung an Begegnungen.
Bildnis als Erinnerung an sich selbst ? Beides.
Bildnis als Erkenntnis. Aber:
Du sollst dir kein Bild machen.
Wer ist du und wer ist ich ?
Was siehst du, was sehe ich ?
Antworten werden zu schnell gegeben.
Fragen - eingekreist, zugemalt, ausgerissen, verklebt, zerschnitten, verschoben, überzeichnet. Übergewicht.
Spannend und verunsichernd - die existentielle Subjekt-Subjekt-Beziehung. Barrieren gehen hoch.
Der Vorhang wird weit aufgerissen.
Barrieren sperren.
Mancheiner kommt als Schausteller daher.
Die Masken fallen, Schleier sind transparent.
Übermalung als Hilflosigkeit fremder Arbeit und eigenem Ich gegenüber.
Übermalung als Masslosigkeit des Eigenen.
Rollenspiel,Stilisierung des Ich.
Bildnis als Zerstörung, in Frage stellen. Sein Gegenüber festnageln.
Bildnis als Konzentration auf die Psyche des Anderen.
Aufmerksamkeit für das Eigene und das Fremde.
Wo das Experiment aufgeht, ist wenig Eitelkeit (Uhlig/Schlegel/Springmühl).
Freude an der Begegnung - innere Beweglichkeit.
Gesteigerte Ausdrucksebene entsteht nicht durch Übermalen.
Umgang mit dem Foto (der Begegnung)sprengt die Dimension.
Spielerisch, formale Ergänzung, schöpferische Anwendung, Selbsterkenntnis, Aggression, Phantasiegebilde, Widerspruch, Über-Haut.
Spiegelung verletzbarer Räume.
Du sollst dir kein Bild machen - die Extreme begegnen sich in der Suche nach eigener Identität.

Gabriele Muschter
November 1987

Abb. 2
Gabriele Muschter, «Assoziationen» zu «Begegnungen in Ateliers», Leipzig 1987.

Abb. 3
«Spielerisch, formale Ergänzung, schöpferische Anwendung». Karin Wieckhorst: Porträt von Angela Hampel und «Selbstporträt» der Porträtierten, 1987.

Schon in den ersten drei Sätzen wird Wieckhorsts Fotokunst dialogisch weitergeführt: «Sich ein Bild machen. Du sollst dir kein Bild machen. Andere sich ein Bild machen lassen.» Wie ein Refrain zieht sich die Verbotstafel «Du sollst dir kein Bild machen» durch den Text – um dann sogleich im nächsten Satz irritiert, korrigiert und befragt zu werden. Auf dem engen Raum einer Druckseite begegnen sich in Muschters Assoziationskunst Überlegungen zum dialogischen Charakter der Kunst, zum technischen Artefakt-Charakter der Fotografie «mittels Maschine», zur Evidenz der Fotografie («Bildnis als Erkenntnis»), zur Physiologie der Sinneswahrnehmung («Was sehen die eigenen Augen¿») mit allerletzten, existentiellen philosophischen Fragen («Wer ist du und wer ist ich¿»). Der Text will keine «schnellen Antworten» geben. Vielfältig und widersprüchlich fallen nach Muschter auch die Reaktionen der Porträtierten auf ihr fotografisches Por-

Abb. 4
«Barrieren sperren». Uwe Frauendorf: Porträt von Karin Wieckhorst, Leipzig 1987.

Abb. 5
«Aufmerksamkeit für das Eigene und Fremde». Ausstellungsplakat zu Karin Wieckhorsts «Begegnungen in Ateliers» von Uwe Frauendorf (Fotograf) und Christine Schlegel (Übermalungen), Leipzig 1987.

trät aus – «eingekreist, zugemalt, ausgerissen, verklebt, zerschnitten, verschoben, überzeichnet». Die Porträtierten zeigen «Selbsterkenntnis, Aggression, Phantasiegebilde, Widerspruch, Über-Haut». Und antworten mit den Stilisierungen, Maskierungen, Verschleierungen und Übermalungen ihrer Fotos womöglich auch auf die Zurschaustellung ihres Atelierraumes («Spiegelung verletzbarer Räume»). Muschter schloss ihre «Assoziationen» mit der Aufforderung, kein Urteil zu fällen – «die Extreme begegnen sich in der Suche nach eigener Identität».

Die Begegnung des Künstlers mit seinem fotografischen Abbild kann dabei aber auch «spielerisch» sein. Ein Beispiel hierfür ist das fotografische Porträt und das übermalte Selbstporträt von Angela Hampel *(Abb. 3)*. Im Vordergrund des Bildes posiert, mit dem Rücken zur Fotografin, eine Katze in perfekter Symmetrie und blickt andächtig zur Künstlerin auf. Das Nahporträt von Hampel wurde von der Künstlerin in eine Selbstdarstellung eines «übernatürlichen», imaginären Begleiters verwandelt: Ein mythisches wildes Tier, das das Fleckenmuster des Pullovers der porträtierten Künstlerin aufnimmt, umschlingt den Kopf der Künstlerin und fokussiert ihr Auge.

Und auch die Fotografin selbst, Karin Wieckhorst, reiht sich für das Ausstellungsplakat in das Schema ihrer Ausstellung ein: Sie wird von Uwe Frauendorf fotografiert *(Abb. 4)*, während Christine Schlegel das Porträt übermalt und mit einem zweiten und dritten schraffierten Gesicht im Profil ergänzt *(Abb. 5)*. Es soll damit wohl die gesteigerte Beobachtungsgabe von Wieckhorst herausgestrichen werden, nicht nur nach vorne zu schauen, sondern im Panoramablick gleichzeitig nach vorne, links und rechts blicken zu können. Während das Frontalporträt der Künstlerin den Einsatz ihres technischen «Kameraauges» konturiert, verdeutlichen die von Christine Schlegel getuschten Profilgesichter ihr drittes und viertes Auge. In Wieckhorsts Fotokunst findet so auch die «Begegnung» von Kameraauge und mehrdimensionalem Sehen statt. Oder wie die Fotografin selbst für die Ausstellung *Gegenstimmen* über ihre künstlerische Praxis schreibt: «Die Kamera ist mein Werkzeug – mit ihr mache ich für mich die Welt erkennbar. Sie ermöglicht mir eine produktive Kommunikation mit meinem Gegenüber. Die Fotografien machen sichtbar, was ich sehe und wie ich sehe.»[7] Wieckhorsts besondere Begabung, mit ihrer Kamera alternative Blickwinkel auf eindimensionale Sichtweisen und Ereignisse zu eröffnen, zeichnet viele ihrer Fotografien aus.[8] Besonders deutlich wird dies auch in zwei weiteren Fotografien aus Berlin, von denen eine in unmittelbarer zeitlicher Nähe zu ihrer Leipziger Ausstellung im Herbst 1987 entstanden ist.

S-Bahnhof Friedrichstraße – Begegnungen im Untergrund

Der Untergrund, den die Porträtistin des Leipziger Underground zu einer Mappe experimenteller Fotografie der alternativen Künstlerzeitschrift *Anschlag* beigetragen hatte, war buchstäblich gemeint. Es ist die Passage unter dem S-Bahnhof Friedrichstraße, die in der DDR als Transitraum für den Grenzübertritt in beide Richtungen fungierte *(Abb. 6)*. Das Foto zeigt einen Passagenraum, in dem Reisende aus dem Osten (zur Weiterfahrt nach West-Berlin) in einer unterirdischen Schleuse vor gekachelten Wänden auf Reisende treffen, die auf ihren Besuch aus West-Berlin warten. Wieckhorsts Bild hält die sich kreuzenden Begegnungen und das Ausströmen der Paare und Passanten in verschiedene Richtungen fest. Obwohl das Fotografieren in dieser streng kontrollierten Sicherheitszone verboten war – «Du sollst dir kein Bild machen» –, gelang es Wieckhorst, einen Passagenraum zu dokumentieren, der die Begegnung von Menschen zweier politisch divergierender Welten regelte.

7 Zit. nach: Karin Wieckhorst in: Eugen Blume/Christoph Tannert (Hg.): Gegenstimmen. Kunst in der DDR 1976–1989 (Ausstellung 16.7.–26.9.2016, Martin Gropius Bau, Berlin), Berlin 2016, S. 470.

8 Sara Blaylock erörtert den «kontravisuellen» Charakter von Wieckhorsts Fotografie in: dies.: Infiltration and Excess. Experimental Art and the East German State, 1980–1989, Dissertation UCSC, 2017, S. 51.

Abb. 6
«Du sollst dir kein Bild machen». Paare und Passanten im Transitraum, Karin Wieckhorst: S-Bahnhof Friedrichstraße, Fotografie, um 1987.

Brandenburger Tor – Begegnungen im Atelier der geteilten Nation

Ein weiteres eindrückliches Bild, das auch in der Fotomappe *Anschlag* enthalten war, gelang der Fotografin, nachdem sie aus dem Untergrund des Transitraums wieder an der Oberfläche, nun auf der Westseite des geteilten Berlins, aufgetaucht war.[9] Dort, an der prominenten Nahtstelle der deutschen Teilung, im Schatten des Brandenburger Tors, hielt sie im Dezember 1987 eine flüchtige Begegnung fest. Wie in ihrer Fotoserie *Begegnungen in Ateliers* sind die Blicke auch auf diesem Foto vielfach durchbrochen. Es zeigt, in der Nachfolge vieler ikonischer Bilder aus dem Kalten Krieg, den Blick von West-Berlin über den Sperrbezirk des Mauerstreifens auf das zugemauerte Brandenburger Tor. Auf Karin Wieckhorsts Foto ist die Szenerie in ein dunkles Licht getaucht, nächtlich und verschwommen baut sich in der Bildmitte das von

9 Karin Wieckhorst konnte im Dezember 1987 mit einem Künstlervisum nach West-Berlin reisen, um dort die Ausstellung mit Werken von Alberto Giacometti in der Nationalgalerie der Staatlichen Museen Preußischer Kulturbesitz zu sehen.

Abb. 7
«Der Vorhang wird weit aufgerissen». Karin Wieckhorst: Brandenburger Tor, Fotografie, Dezember 1987.

unsichtbarer Lichtregie aus dem Osten beleuchtete Tor auf, während sich im rechten Bildvordergrund auf einem vorgeschobenen Beobachtungsposten ein paar nicht scharf konturierte Gestalten abzeichnen *(Abb. 7)*. Wie in einem Brennspiegel zeigt sich hier Wieckhorsts besonderes Sensorium für «Begegnungen», «Dialoge», aber auch «Widersprüche», die die Fotografin in ihrer Leipziger Künstlerserie noch in unterschiedliche Foto-Akte und Tafeln zerlegt hatte. Auch Gabriele Muschters «Assoziationen» zur Leipziger Ausstellung finden in diesem Foto einen Widerhall. Schaulustige aus dem Westen («Mit anderen Augen gesehen. Was sehen die eigenen Augen?»), mit Händen in den Taschen, versuchen von einem Tribünenplatz aus einen Blick hinter den Eisernen Vorhang zu werfen («Sich ein Bild machen»), während sie im Rücken vom Kameraauge einer Fotografin aus der Leipziger Kunstszene («Andere sich ein Bild machen lassen») in den Blick genommen werden. Die Silhouetten am rechten Bildrand scheinen so etwas wie fotografische «Übermalungen» zu sein, die der flüchtige politische Augenblick in eine Historienkulisse zufällig eingezeichnet hat («Der Vorhang wird weit aufgerissen. Barrieren sperren. Mancheiner kommt als Schausteller daher»).

Wenn wir heute, über dreieinhalb Jahrzehnte später, noch einmal auf das Foto vom Brandenburger Tor schauen, sehen wir mit Muschter in der «Spiegelung verletzbarer Räume» rückblickend auch ein «Phantasiegebilde» aus einer unmittelbar nahenden Zukunft aufscheinen. Im Auge der Fotografin begegnen sich die Extreme zweier Welten «in der Suche nach eigener Identität». «Begegnungen» am Brandenburger Tor – sie sind nur zwei Winter nach Karin Wieckhorsts Zeitbild aus dem Herbst 1987 das Fotomotiv einer wiedervereinten Nation.

Bildnachweis:
Abb. 1, 4, 5: Courtesy Uwe Frauendorf. – Abb. 2, 3 ,6, 7: © Karin Wieckhorst/Courtesy Getty Research Institute, Los Angeles.

Matteo Bertelé

Leipzig 1984, Herbstsalon

Leipzig, 10. November 1984 – im Messehaus am Markt passiert etwas Unerhörtes. Eine Künstlergruppe um Lutz Dammbeck, Günther Firit, Frieder Heinze, Hans Hendrik Grimmling, Günther Huniat und Olaf Wegewitz ruft den *Ersten Leipziger Herbstsalon* aus. Der Andrang des Publikums ist groß, an die zehntausend Besucher stromern in den Herbsttagen der späten DDR durch die Hallen. Aber auch das Echo des Staates bleibt nicht aus. Die Sicherheitsbehörde brandmarkt die Initiative der Künstlergruppe wegen ihrer «‹negativ-feindlichen› Einstellung»[1] als «konterrevolutionäre» Aktivität. Der Kunsthistoriker Henry Schumann erinnert sich, dass die Ablehnung der Ausstellung durch die Hardliner der Partei nur am Rande durch die ausgestellten Exponate begründet war.[2] Was war es dann, das die harsche Reaktion des Staates provozierte?

Die sechs Initiatoren waren weder Außenseiter noch Neulinge in der DDR-Kunstszene. Als Mitglieder des Verbandes Bildender Künstler (VBK) genossen sie alle Privilegien, die mit der Integration in das sozialistische Kunstsystem verbunden waren, darunter Aufträge, Ausstellungen und Publikationen. Sie bildeten weder eine feste Gruppe, noch unterzeichneten sie ein programmatisches Manifest, sondern wurden zusammengeschweißt allein durch eine gemeinsame Erfahrung, die sie in ihrer ganzen Widersprüchlichkeit im Kosmos eines staatlich gegängelten Kunstsystems durchlebten. Sie waren dagegen und gleichzeitig dabei. Sie rebellierten gegen die Strukturen des staatlichen Kunstverbundes, während sie notgedrungen in den VBK integriert waren.[3]

Konkret manifestierte sich diese Widersprüchlichkeit in «Alibi-Beteiligungen»[4] an offiziell sanktionierten Gruppenausstellungen in den Jahren vor ihrer Leipziger Salon-Aktion. So nahmen die sechs Künstler 1982 etwa an der Gruppenausstellung «Selbstbildnisse Leipziger Künstler» teil, die als Leitstungsschau zum dreißigjährigen Gründungsakt des VBK im Museum der bildenden Künste der Stadt organisiert wurde. Die Schau sollte in Leipzig ansässige Künstler als «Zeichen des Dankes» an die vom VBK geförderte Kulturpolitik präsentieren: Eine kleine Ergebenheitsadresse der Kunst an die Sozialistische Einheitspartei Deutschlands.[5]

1 Hans Hendrik Grimmling in: Doris Liebermann: Ein Piratenstück. Der 1. Leipziger Herbstsalon 1984. Seine Vorgeschichte und seine Protagonisten, Halle (Saale) 2015, S. 14.

2 Henry Schumann: Aus einem Gespräch, in: Uta Grundmann/Klaus Michael/Susanna Seufert (Hg.): Revolution im geschlossenen Raum. Die andere Kultur in Leipzig 1970–1990, Leipzig 2002, S. 36.

3 Grimmling in: Liebermann: Ein Piratenstück, S. 31.

4 Paul Kaiser/Claudia Petzold: Schubsen am Trog, in: Boheme und Diktatur in der DDR, Katalog (Deutsches Historisches Museum, Berlin, 4. November–16. Dezember 1997), Berlin 1997, S. 208.

5 Rolf Kuhrt/Rita Jorek: Zum Geleit, in: Selbstbildnisse Leipziger Künstler, Katalog (Museum der bildenden Künste, Leipzig, 12. Juni–15. August 1982), Leipzig 1982, S. 4.

Malerei / Grafik

Lutz Dammbeck
Jutta Damme
Klaus Dennhardt

Fritz Diedering
Michael Diller
Harald Döring
Heinz Drache

E. Hollmann); Lutz Dammbeck — Animationsfilme, Katalog, Pablo-Neruda-Club, Karl-Marx-Stadt 1979 (Text: M. Rasche); Fred Gehler, Bewegung gegen Schablone. Lutz Dammbeck — Grafiker und Animationsfilmer. In: Sonntag (1980)30; Lutz Dammbeck. Grafische Arbeiten und Filme, Katalog, Galerie Mitte, Dresden 1980 (Text: Hans-Hendrik Grimmling); Lutz Dammbeck — Das Plakat als Kunstgegenstand, Katalog, Galerie am Boulevard, Rostock 1980 (Text: Hans-Hendrik Grimmling).

Bewegungsprotokoll. 1981. Leinwand/Tempera/Tusche/Alkydharz.
190 cm × 210 cm ■
Zeitriß. 1980. Kreide/Tusche/Collage.
76 cm × 100 cm

Jutta Damme
Geboren 13. 8. 1929 in Meißen, lebt in Dresden. 1944 bis 1949 Lehre Porzellanmalerin. 1949 bis 1953 Studium an der Hochschule für Bildende Künste Dresden bei Fritz Dähn und Rudolf Bergander. 1954 bis 1957 Aspirantur an dieser Hochschule. 1957 bis 1960 freischaffend. 1960 bis 1964 Assistentin, 1964 Dozent, seit 1967 Professor an der Hochschule für Bildende Künste.
Literatur: Wolfgang Hütt, Junge bildende Künstler der DDR, Leipzig 1965; Katalog Graphik in der DDR, Kupferstich-Kabinett, Dresden 1969; Christa Bächler, Jutta Damme. In: Weggefährten, Dresden 1970; Wolfgang Hütt, Wir — unsere Zeit, Berlin 1974; Katalog Zeichnungen in der Kunst der DDR, Kupferstich-Kabinett, Dresden 1974; Jutta Damme. Ölbilder und Aquarelle, Faltblatt, Stadtmuseum Zittau, 1977; Wolfgang Hütt, Graphik in der DDR, Dresden 1979; Karin Thomas, Die Malerei in der DDR 1949—1979, Köln 1980.

Interieur mit Schwertlilien. 1980.
Öl. 100 cm × 70 cm ●
Porträt Helga G. 1981. Öl/Tempera.
60 cm × 50 cm

Klaus Dennhardt
Geboren 19. 5. 1941 in Dresden, lebt in Dresden. 1958 bis 1960 Studium an der ABF für bildende Kunst Dresden, 1963 bis 1968 an der Hochschule für Bildende Künste Dresden. Seit 1968 freischaffend.

Vom Dunkel ins Helle. 1981. Monotypie.
87 cm × 62 cm ●

Fritz Diedering
Geboren 24. 11. 1931 in Halle, lebt in Karl-Marx-Stadt.
1950 bis 1951 Lehre als Schriftsetzer. 1951 bis 1953 Studium an der Hochschule für Grafik und Buchkunst Leipzig bei Elisabeth Voigt. 1957 bis 1961 an der Hochschule für industrielle Formgestaltung Halle. 1961 bis 1963 Werbegrafiker im Klubhaus der Chemischen Werke Buna, 1963 bis 1965 Grafiker im Büro für Städtebau Karl-Marx-Stadt. Freischaffend.
Literatur: Walter Funkat, Kunsthandwerk in der DDR, Berlin 1970; Georg Brühl, Das Porträt: Der Maler und Grafiker Fritz Diedering. In: Podium (1973)9, S. 4—5; Lutz Grösel, In der Galerie oben: Werke von Fritz Diedering. In: Blick 13(1974)21, S. 6—7; Künstler aus dem Bezirk Karl-Marx-Stadt: Fritz Diedering, Karl-Marx-Stadt 1975; Was mich bewegt: Gedanken eines Bezirksvorsitzenden.
Abend am Stausee. 1979. Öl. 73 cm × 88 cm ●

216

Abb. 1
Staatsregie: Werkverzeichnis im Katalog der «IX. Kunstausstellung der DDR» mit Lutz Dammbecks «Bewegungsprotokoll» (1981), einsortiert in die Sektion Malerei/Grafik. Die Leistungsschau der Kunst und der Katalog wurden verantwortet vom Ministerium für Kultur der DDR und dem Verband Bildender Künstler der DDR, Dresden 1982/83.

Zeitgleich mit dem Herbstsalon nahmen die sechs Künstler an der großen Gruppenausstellung «Kunst in Leipzig: Malerei, Grafik, Plastik 1949–1984» teil, die von offizieller Seite als künstlerisches Rahmenprogramm des 35.Jahrestages der DDR ideologisch ausgeflaggt war. Die Gruppe um Dammbeck wurde als vierte Generation von Leipziger Künstlern rubriziert, die unter Rekurs auf das älteste Gruppenmitglied, den Bildhauer Huniat (damals 45 Jahre alt), als frühe Verfechter der «abstrahierten Bildsprachen» einsortiert wurde. Dies brachte die jüngere Generation dazu, wie ein wenig verdruckst und vorsichtig im offiziösen Moderne-Parteijargon verlautbart wurde, sich «experimentierfreudig und teilweise kontrovers neuen expressiveren Stilmitteln» zuzuwenden.[6] Die zukünftigen Herbstsalonniers stellten auch regelmäßig auf der Leipziger Grafikbörse aus, die 1972 gegründet wurde, um innovativen Grafikern und Illustratoren eine Bühne in einer Stadt zu bieten, in der die «Bezirksausstellungen» noch von der Malerei dominiert wurden. In ungezwungener Atmosphäre konnten die Besucher die von den Künstlern selbst auf bloßen Tischen ausgestellten Werke anfassen, durchblättern und schließ-

6 Dieter Gleisberg: Kunst in Leipzig. Malerei, Grafik, Plastik 1949–1984, Katalog (Museum der bildenden Künste, Leipzig, 5. Oktober–25. Dezember 1984), Leipzig 1984, S. 12.

Abb. 2
Eigenregie: Das «Bewegungsprotokoll» (1981) als autonomer Auftritt beim «1. Leipziger Herbstsalon», 1984.

lich erwerben. Dies trug zum Gespräch bei und gab sowohl den Ausstellern die Möglichkeit, mehr über die ästhetischen Vorlieben der Besucher zu erfahren, als auch dem Publikum die Gelegenheit, Kunst ungefiltert von einer kuratorischen Regie zu erleben. Ein großer Vorteil der Grafikbörse für die Künstler war, dass jedes Mitglied des VBK hier ohne vorherige Begutachtung seine Arbeiten präsentieren konnte. Diese Juryfreiheit gab gerade nonkonformen und bisher wenig bekannten Künstlern, die mit ihren Werken die etablierten staatlichen Filter kaum durchlaufen hätten, die Möglichkeit, ihre Werke in der Öffentlichkeit zu präsentieren.[7] Die Grafik galt überdies in der DDR als handwerklicher Zweig,[8] dem viel mehr Freiräume zugestanden wurden als Malerei und Bildhauerei – und in diesen Genuss kamen von der Originalzeichnung über Druckgrafik und Illustration bis zum Layout alle Formen der Grafik.[9] Die institutionellen Gruppenausstellungen dokumentieren die Integration der Herbstsalon-Künstler in die offizielle Leipziger Kunstszene, meist mit Beiträgen, die oft mit wenig Sinn für Nuancierung schablonenhaft als «experimentell» und «abstrakt» bezeichnet wurden. Eingebettet in einen im-

7 Renate Hartleb: Zehn Jahre Leipziger Grafikbörse, Leipzig 1982, S. 8.

8 Lothar Romain: Grafik in der DDR – ein Streitbrief, in: Eckhart Gillen/Rainer Haarmann (Hg.): Kunst in der DDR, Köln 1990, S. 88 f.

9 So konnte das Kupferstich-Kabinett in Dresden unter der langjährigen Leitung des umtriebigen Werner Schmidt (Spitzname «Kupferschmidt») eine umfangreiche Sammlung von Papierarbeiten zeitgenössischer Künstler aus dem Ost- und Westblock zusammenstellen.

mer stark von akademischen Traditionen und figurativen Tendenzen dominierten Wettbewerb, sollten die «experimentellen» Farbtupfer die Vielfalt der Stile und Techniken der ostdeutschen Kunst signalisieren, ganz auf der Linie der 1971 von der Partei ausgerufenen Kulturpolitik der «Weite und Vielfalt».

Doch nicht nur in Leipzig waren die sechs Künstler aktiv. 1982 stellten Dammbeck, Firit, Heinze und Grimmling auf der seit 1946 unter verschiedenen Namen stattfindenden «Kunstausstellung der DDR» in Dresden aus, der repräsentativen, mehrjährigen Großschau nationaler Kunst. Dammbeck entpuppte sich dabei als virtuoser Multimediakünstler, dessen Werke gleich drei verschiedene Sektionen (Malerei, Gebrauchsgrafik und Szenografie) der Ausstellung bespielten, die noch ganz traditionell nach den alten Kunstgattungen unterteilt war. Seine große *Mixed-media*-Leinwand *Bewegungsprotokoll* (1981) wurde hier in der Sektion Malerei ausgestellt und zwei Jahre später auch im «Herbstsalon» gezeigt *(Abb. 1 und 2)*. Dass dieses Bild in zwei verschiedenen Ausstellungskontexten vollkommen konträre Reaktionen provozierte, zeigt deutlich, welche Bedeutung dem institutionellen Rahmen zukommt, in dem die Kunst gezeigt wird.

Die Leipziger Salonniers befanden sich in einem Dilemma. Auf der einen Seite wollten sie mit den staatlichen Kunstinstitutionen brechen und strebten eine Autonomie in der Produktion und Präsentation außerhalb jeglicher ideologischer Einflussnahme an.[10] Auf der anderen Seite wurden sie ungeduldig mit der bisherigen Ausstellungspraxis in eigens mit offiziöser Duldung für die alternative Szene abgezirkelten Räumen, die nur einem «parallelen Publikum» aus der sogenannten «zweiten Öffentlichkeit» zugänglich waren.[11] Dammbeck beschreibt rückblickend in einem Gespräch die Nische der Untergrundszene:

«Da traf man dann sieben Leute: Den Künstler, jemand, der mitschreibt und Fotos macht, drei Westkorrespondenten und den ständigen Zaungast von der Ständigen Vertretung. Das hat ja normalerweise gereicht. Es hat genügt, um Kontakte, Geld und einen Mythos zu bekommen. Das war nicht unwichtig, aber mir ist das immer auch wie ein Stück Verrat vorgekommen. Das erschien mir nicht viel anders, als offiziell einzusteigen».[12]

10 Liebermann: Ein Piratenstück, S. 13.

11 Vgl. Sara Blaylock: Parallel Public. Experimental Art in Late East-Germany, Cambridge, London 2022; Katalin Cseh-Varga/Adam Czirak (Hg.): Performance Art in the Second Public Sphere: Event-based Art in Late Socialist Europe, London/New York 2018.

12 Lutz Dammbeck im Gespräch mit Paul Kaiser und Claudia Petzold, Hamburg, 24. Februar 1997, in: Kaiser/Petzold: Schubsen am Trog, S. 209, Z. 17.

Dieses Gefühl der Ungeduld und die sich immer weiter verstärkenden Reserven gegenüber einem vom Westen gelabelten «Underground» veranlassten die sechs Künstler, sich an ein größeres Publikum zu wenden oder, wie es aktivistischer hieß, «an die Öffentlichkeit zu gehen». «Geduld, dulden, Ungeduld...» – der Titel des Kunstkritikers Klaus Werner im einzigen Textbeitrag zum Katalog des *1. Leipziger Herbstsalons* brachte das «Vor» und «Zurück», das retardierende Moment der alternativen Kunstszene in der späten DDR, auch den Grundimpuls der Rebellion, präzise auf den Punkt. Werner war der Gründer und Leiter der Galerie *Arkade* in Berlin, einer der wenigen Orte, die für alternative Kunstformen in den siebziger und frühen achtziger Jahren ein Sensorium hatten. Die Suche nach neuen, öffentlichen Formaten zeigt sich schon allein im Namen «Salon», der offensichtlich mit einem *ex-negativo*-Vokabular kollidierte, mit dem sich die alternative Kunst bisher selbst beschrieb, mit nihilistischen Metaphern, die auf Leere und Hohlheit verwiesen (wie in den siebziger Jahren die Dresdener Künstlergruppe *Die Lücke* oder in den achtziger Jahren die Berliner Galerie *de Loch*) oder auf Marginalität und Peripherie (wie *Tangente I*, ein erster, gescheiterter Versuch aus dem Kreis der Herbstsalon-Initiatoren, 1976 in Leipzig eine Multimedia-Ausstellung zu organisieren). Semantisch stellt sich die Gruppe in bewusste Tradition des renommierten *Ersten Deutschen Herbstsalons*, der 1913 auf Initiative Herwarth Waldens in der Galerie *Der Sturm* in Berlin stattfand. Walden wollte in seinem «Salon» nicht nur junge Künstler fördern, sondern Berlin als kosmopolitisches Zentrum und Ort der neuen Kunst gegen Paris als alte Welthauptstadt der Kunst etablieren.

Eine ähnliche Neukartierung führte der *Erste Leipziger Herbstsalon* im Schilde, zumindest auf dem begrenzten Raum der DDR in Kontrastierung zum politisch hegemonialen (Ost-)Berlin und dem historischen Erbhof Dresden, dem angestammten Sitz der enzyklopädischen «Kunstausstellungen der DDR». Innerhalb der Leipziger Kunstszene war der Herbstsalon sowohl als Revolte gegen die etablierte ältere Generation gedacht (obwohl «Staatskünstler» wie Wolfgang Mattheuer die Schau bis zu einem gewissen Grad unterstützten), wie auch als produktive Irritation – oder, wie Werner es ausdrückte, als «Sakrileg» – eben als Sta-

Abb. 3
Die Einladungskarte zum «1. Leipziger Herbstsalon», Postkarte, Vorderseite.

chel gegen die von der Leipziger Schule geförderte Monokultur der Malerei und ihre immer stärkere Ausrichtung «für den Export».[13] Auf der Suche nach internationaler Legitimität und Anerkennung begann die DDR sich zunehmend an internationalen Kunstausstellungen zu beteiligen. Mit Bildern namhafter Meister der Leipziger Schule wie Heisig, Tübke und Mattheuer sowie Willi Sitte nahm es 1977 auf der *documenta 6* seinen Anfang. Die berühmte «Viererbande» stellte 1984 zusammen mit anderen Künstlern auch im Rahmen des zweiten von der DDR bespielten Pavillons auf der Biennale von Venedig aus, nachdem das Land hier schon 1982 mit einem anderen Leipziger Schüler, Sighard Gille, auftrumpfen konnte.

Ort und Zeitpunkt des Herbstsalons entsprachen den Zielen der Initiatoren. Der Standort war zentral in Leipzig gelegen, einer Stadt, die durch ihr ausgedehntes Messeprogramm bereits internationale Aufmerksamkeit erworben hatte. Auch der Zeitpunkt war entscheidend: November, «Monat der Maler und der Ausstellungen», wie Werner es konzis formulierte.[14] Außerdem war der Herbstsalon während der «Internationalen Leipziger Dokumentar- und Kurzfilmwoche» geplant, die im nahe gelegenen Kino Capitol stattfand und zahlreiche internationale Gäste

13 Lothar Lang: Kunstzentren in einem kleinen Land, in: Gillen/Haarmann (Hg.): Kunst in der DDR, S. 78–82.

14 Klaus Werner: Geduld, dulden, Ungeduld ..., in: 1. Leipziger Herbstsalon, Katalog (Leipzig, Messehaus am Markt, 10. November–7. Dezember 1984), Leipzig 1984, ohne Seitenzahl.

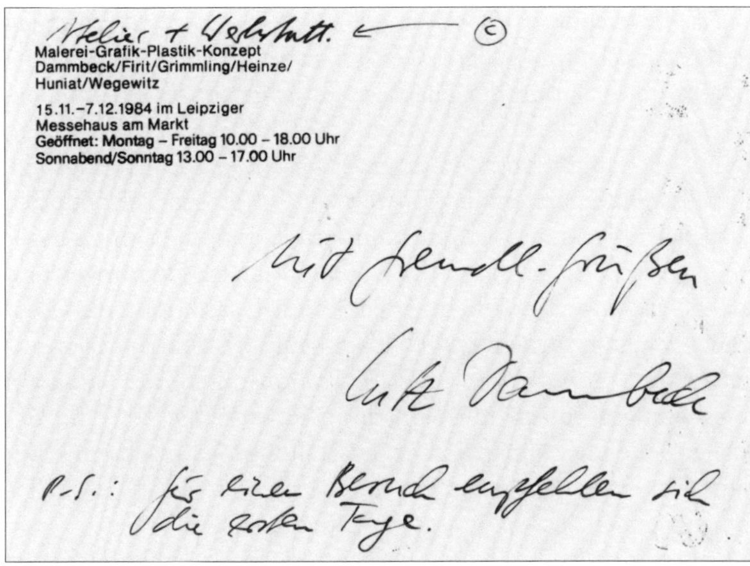
Atelier + Werkstatt. ← ©
Malerei-Grafik-Plastik-Konzept
Dammbeck/Firit/Grimmling/Heinze/
Huniat/Wegewitz
15.11.–7.12.1984 im Leipziger
Messehaus am Markt
Geöffnet: Montag – Freitag 10.00 – 18.00 Uhr
Sonnabend/Sonntag 13.00 – 17.00 Uhr

Mit freundl. Grüßen
Lutz Dammbeck

P.S.: für einen Besuch empfehlen sich die ersten Tage.

Abb. 4
«Für einen Besuch empfehlen sich die ersten Tage» (Lutz Dammbeck). Einladung ins «Atelier + Werkstatt», Rückseite.

anzog. Daraus folgt, dass Westbesucher von Anfang an gezielt angesprochen werden sollten.[15]

Der Herbstsalon wurde als «Werkstatt» angekündigt und beworben. Dieser Begriff tauchte zum ersten Mal als Veranstaltungsbeschreibung in der Bewerbung an die Geschäftsführung des Messehauses am Markt auf, um das Wort «Ausstellung» zu vermeiden und den nichtkommerziellen Charakter der Veranstaltung zu stärken. Er taucht aber auch in den Postkarteneinladungen auf, die an ausgewählte Kunstschaffende verschickt wurden *(Abb. 3 und 4)*, um den Charakter des «Salons» als serielles Projekt zu betonen, der offen für externe Beiträge ist: «Diskussion» und «Teilnahme» waren die Schlüsselwörter in Werners Katalogbeitrag, der mit lakonischen Erklärungen gegen gängige Parteiparolen den unvorhersehbaren und offenen Charakter der Veranstaltung hervorhob: «Es gibt kein Vorrecht der Gerechtigkeit.»[16]

«Salon» sollte ein privates, fast intimes Milieu, einen geschützten Raum suggerieren, der das Publikum einlädt, ihn zu betreten und miteinander im geselligen Gespräch zu erleben. Die Ausstellung sollte ein belebendes Zusammenspiel verschiedener Medien und Techniken dokumentieren (von den Künstlern als *Das Inter-*

15 Günther Huniat in: Liebermann: Ein Piratenstück, S. 149.

16 Werner: Geduld, dulden, Ungeduld ..., o. S.

mediale bezeichnet).[17] Der Stempel auf dem vorderen Umschlag des Katalogs lautet «Malerei-Grafik-Plastik-Konzept». Ergänzt ist hier im Stempeldruck der geläufigen Kunstgattungen die intellektuelle Form «Konzept», um diskursive Praktiken als integralen Teil der Schau mit anzukündigen. Während der Eröffnungstage der Ausstellung waren die Künstler vor Ort präsent, um mit den Besuchern (darunter mehrere Kunststudenten) über ihre ausgestellten Werke zu diskutieren, die somit offen für Deutungen und auch Kritik waren und nicht, wie in offiziell sanktionierten Ausstellungen, von speziell ausgebildeten Führern doktrinär vermittelt wurden. Am 4. Dezember 1984 veranstaltete der Salon ein Ausstellungsgespräch mit Künstlern, Kunstfachleuten und Besuchern, die über künstlerische, ausstellungstechnische und kuratorische Praktiken debattierten, ein singuläres intellektuelles Ereignis in der Ausstellungsgeschichte der DDR.[18]

Den stärksten Bruch mit der bisherigen Ausstellungspraxis markierte aber die autonome Genese der Schau oder die «Eigenregie», wie die sechs Künstler es selbst ausflaggten. Diese autonome Ermächtigungsvokabel steht für die vollständige Konzeption, Produktion, Verwaltung und Kommunikation der Ausstellung durch die Künstler, denen gleichzeitig mehrere Rollen zuteilwurden. Vor dem Horizont der reglementierten Rolle, die in sozialistischen Gesellschaften bildenden Künstlern zugewiesen wurde, bedeutete das eine radikale Emanzipation, die wie jede Emanzipation eben auch soziale Folgekosten für die verantwortlichen Künstler mit einschloss, inklusive der Zahlung der Miete für den Veranstaltungsort. Das Organigramm der Verantwortlichkeiten für die alternative Gruppe sah nun folgendermaßen aus: Als einziges Parteimitglied fungierte Huniat («Rechtsaufsicht») als Unterzeichner des Mietvertrags, Grimmling als Brandschutzbeauftragter, Dammbeck war als gewiefter «Öffentlichkeitsarbeiter» für das grafische Erscheinungsbild der Ausstellung verantwortlich und zeichnete auch für die Titelmarke «Herbstsalon».[19]

Die «Eigenregie» flankierte ein Katalog als autonomes Künstlerbuch aus dem «Eigenverlag». Er wurde in einer limitierten Auflage herausgegeben und von den Ausstellern auf dem hinteren Umschlag persönlich signiert. Der Band besteht aus sechs Seiten,

17 Grimmling in: Liebermann: Ein Piratenstück, S. 34. Heinz Kunkler in: ebd., S. 207.

18 Grundmann/Michael/Seufert (Hg.): Revolution im geschlossenen Raum, S. 38.

19 Kaiser/Petzold: Schubsen am Trog, S. 202.

die jeweils beidseitig von einem Künstler illustriert waren. Auch dieses Künstlerbuch ist ein mehrdimensionales Objekt, das auf unterschiedliche Weise gehandhabt und auch gelesen werden kann: An manchen Stellen muss man es auf den Kopf stellen, um dem Text folgen zu können. Das Format selbst ist dabei anpassungsfähig, aber auch offen für eigene Wege und alternative Lektüren: Jede Seite kann am rechten Rand weiter aufgeschlagen werden, wodurch sich das Hochformat A4 in ein Querformat A3 verwandelt. Man kann jede Seite einzeln aufklappen oder eine Seite in die nächste falten und die Lesereihenfolge umkehren, so dass der zuletzt erschienene Künstler als erster auftaucht. Als dynamisches Objekt und interaktives Artefakt erfordert der Umgang mit dem Heft eine performative Lektüre, die durch sensorische Erfahrungen wie den Klang und die taktilen Empfindungen, die durch die unterschiedlichen Texturen der Blätter entstehen, zugleich bereichert wie auch durchkreuzt wird. Dagegen ist das basale Gerüst, das man von einem Ausstellungskatalog erwarten würde – wie Informationen über Aussteller oder Legenden zu den gezeigten Exponaten –, nur ein optionaler Bestandteil und Beiwerk.

Im Fall von Grimmling und Firit, den beiden Künstlern, die den Auftakt und das Ende des Heftes markieren, beschränken sich die biografischen Angaben auf Grundlegendes wie Geburtsdatum und Beruf, die in einem bürokratischen Layout wiedergegeben werden, das an die taxonomisch zurückgenommene Sprache von Archivunterlagen erinnert *(Abb. 5, links)*. Die Sparsamkeit jeglicher visueller oder schriftlicher Verweise zeigt sich besonders prägnant auf der Seite von Wegewitz, wo sogar die Unterschrift des Künstlers schwer zu entziffern ist *(Abb. 6, rechts)*. Dies steht im bewussten Widerspruch zur Materialität des Blattes: ein dünnes, leichtes Blatt fadenscheinigen Papiers, das im Allgemeinen für Durchschläge zur Vervielfältigung und Klassifizierung von Akten verwendet wird und sich so von der Opazität der anderen Seiten abhebt. Heinze bietet Einblicke in seine persönliche Bildsprache und sein Vokabular anhand von «Stichpunkten», die sowohl als Piktogramme als auch als Wörter in bekannten und unbekannten Alphabeten ohne jeden semantischen Bezug dargestellt sind *(Abb. 6, links)*.

In der Arbeit von Dammbeck ist die produktive Spannung von entscheidender Bedeutung und führt zu einer Überblendung von Techniken und Medien, wie zum Beispiel maschinengeschriebener Text, Übermalungen und Medien-Collagen aus seinem fortlaufenden konzeptionellen Projekt *Herakles (Abb. 7)*. Dammbeck gestaltete auch das Ausstellungsplakat *(Abb. 8)* und den Katalogumschlag in einem nüchternen Layout, indem er den mit unlöschbarer Tinte geschriebenen Inhalt verwischte und damit auf staatliche Praktiken wie die Postzensur anspielte. Der Katalog ist weder ein einfacher Begleittext, ein wissenschaftlicher Apparat oder ein Kompendium zur Ausstellung, noch ein instrumentelles Werkzeug zur Erklärung der Kunstschau, sondern ein Kunstwerk eigenen Rechts, ein reflektierter Bestandteil der Ausstellung als Gesamtmedium – in der die Künstlergruppe zugleich ihr eigenes

Abb. 5
«der geruch der natur nach dem regen / und die qual des gebärens ebenso / wie des vaters gebärde im zorn / diese sprache spreche ich / das ist meine wahrheit / weil es meine geschichte ist» (Günther Huniat). Die von Hans Hendrik Grimmling (links) und Günther Huniat (rechts) gestaltete Doppelseite im Künstlerbuch zum «1. Leipziger Herbstsalon».

Abb. 6
«1984» – Nachrichten aus einer real existierenden Dystopie. Frieder Heinzes Piktogramme aus verschiedenen Alphabeten (links). Geschwärzte Bildmitte mit schwer entzifferbarer Autorschaft am Rand. Die Seite von Olaf Wegewitz (rechts) im Künstlerbuch zur Ausstellung.

Dilemma der «Widersprüchlichkeit», des Dabei- und Dagegenseins, der Sichtbarkeit und des Versteckseins im Material und Medium eines anpassungsfähigen Künstlerbuches gleichsam ausstellt wie durchkreuzt.[20] Zur künstlerischen Autonomie gehörte abschließend auch die Dokumentation: Der Kameramann Thomas Plenert filmte alle *Making-of*-Phasen des Salons, von der Abholung der Kunstwerke aus den Ateliers bis zum Aufbau der Schau.

Nachdem die Ausstellung als «Werkstatt» nun einmal genehmigt worden war, blieb den Verantwortlichen des VBK wenig anderes übrig, als auf eine robuste Sabotagetechnik aus der Breschnew-Zeit zurückzugreifen: Anstatt die Ausstellung zu schließen und damit möglicherweise Protest, Anschuldigungen in der westlichen Presse oder gar diplomatische Spannungen hervorzu-

20 Jens Henkel: Die Bibliophilie der «Andersdenkenden» – Künstlerbücher in der DDR, in: ders./Sabine Russ (Hg.): DDR 1980–1989: Künstlerbücher und originalgrafische Zeitschriften im Eigenverlag: eine Bibliografie, Gifkendorf 1991, S. 10.

rufen, wurde einfach beschlossen, die Berichterstattung über die Ausstellung so weit wie möglich einzuschränken. Jede öffentliche Erwähnung in der Presse und Kontakte zu westlichen Besuchern und Medien wurden unterbunden, so dass die einzige Form der Werbung für den Salon der Flüsterfunk war.

Eine Restriktion traf die Ausstellungsmacher aber unmittelbar. Ihnen wurde vorgeworfen, den Namen des VBK missbräuchlich verwendet zu haben. Daraufhin wurden Huniat und Grimmling aus dem Verband geworfen, bald darauf gefolgt von Heinze, der aus Solidarität zu seinen Künstlerkollegen seinen Austritt erklärte, auch Dammbeck wurde nach seinem Ausreiseantrag aus dem VBK ausgeschlossen. Das prosaische Nachspiel des «Salons» ist für drei der sechs Künstler schnell erzählt: 1986 siedelten Grimmling, Firit und Dammbeck in den Westen über, nach West-Berlin, München und Hamburg.

Abb. 7
«ACH BLEIB BEI MIR UND GEH NICHT FORT AN MEINEM HERZEN IST DER SCHÖNSTE ORT» (Heiner Müller). Collage aus dem Künstlerbuch von Lutz Dammbeck zum «Herakles-Konzept», an dem der Künstler seit 1983 mit Plakat, Malerei, Film, Video und Aktionen arbeitete (www.herakleskonzept.de). Das Projekt über Eigensinn, Fremdbestimmung und →

→ **Gewalt vor immer neuen historischen Horizonten wurde von Heiner Müllers Text «Herakles 2 oder die Hydra» beeinflusst. Auch in der Kunstsammlung des Deutschen Bundestags befindet sich ein Werk von Dammbeck aus der Reihe der «Herakles-Notizen», das heute – unter neuer Staatsregie – auf der Fraktionsebene im dritten Geschoss des Reichstagsgebäudes ausgestellt wird.**

Abb. 8
Künstlergruß an die Postzensur: Das von Lutz Dammbeck mit verwischter Tinte, Schwärzungen und Übermalungen gestaltete Ausstellungsplakat zum «1. Leipziger Herbstsalon».

Aber was ist das Vermächtnis des Leipziger Herbstsalons? Im Online-Glossar *Bildatlas: Kunst in der DDR* ist zu lesen: «Es war die erste große selbstorganisierte und selbstfinanzierte Ausstellung ohne einen öffentlichen Träger an einem repräsentativen Ort.»[21] Andere Untersuchungen betonen den «subversiven» Charakter der Schau, so etwa Doris Liebermann, die sie ein «Piratenstück» nannte,[22] während ein ehemaliger Ostkorrespondent des Deutschlandfunks in ihr einen «Meilenstein auf dem Weg zur Implosion der DDR» sah.[23] Der *Erste Leipziger Herbstsalon* schuf ohne Frage «einen kulturpolitischen Präzedenzfall»[24] in der Ausstellungsgeschichte der DDR. Er inspirierte eine Reihe ähnlicher Aktionen, die sich ebenfalls um eine öffentliche Präsenz der alternativen Szene bemühten, aber von den staatlichen Behörden schnell in die Schranken gewiesen wurden. Das Vermächtnis des Herbstsalons war im Untergrund zu finden, in Privatwohnungen, in denen in den achtziger Jahren der DDR informelle, meist von autodidaktischen (Perfomance-)Künstlern initiierte Veranstaltungen stattfanden. So gesehen, war der *Erste Leipziger Herbst-*

21 Leipziger Herbstsalon, https://www.bildatlas-ddr-kunst.de/glossary/115.

22 Liebermann: Ein Piratenstück.

23 Heinz Kunkler in: ebd., S. 206.

24 Grundmann/Michael/Seufert (Hg.): Revolution im geschlossenen Raum, S. 31–38.

salon der erste und letzte seiner Art. Dies verbindet ihn mit seinem berühmten Vorbild, dem *Ersten Deutschen Herbstsalon*, der sich als «die letzte große internationale Ausstellung avancierter Kunst in Deutschland vor dem Ersten Weltkrieg»[25] längst seinen Platz in der Kunstgeschichte gesichert hat. Beide «Salons» waren als Auftakt von Veranstaltungsreihen gedacht, die über den Zauber eines autonomen Neuanfangs nicht hinausgekommen sind. Als Serie ist das «Salon»-Projekt gescheitert. Aber vielleicht war es gerade diese Disruption – die erste Schau in künstlerischer Eigenregie –, die dem *Ersten Leipziger Herbstsalon* in der späten DDR die Aura eines einzigartigen Ereignisses verliehen hat.

25 Bruce Altshuler: Salon to Biennial. Exhibitions that Made Art History, Vol. 1: 1863–1959, London 2008, S. 141.

Bildnachweis:
Abb. 1–8: © Lutz Dammbeck.

Katalin Krasznahorkai

Staatssicherheitsperformance

Eine Grenzüberschreitung lockte 1984 Gabriele Stötzer. Ein loser Bekannter zeigte ihr einige Fotografien und fragte, ob die Künstlerin nicht Lust hätte, mit dem Modell Winfried für ein Shooting zusammenzuarbeiten. Auf den Fotos posierte Winfried auf Stöckelschuhen und in Damenunterwäsche. Stötzer sagte zu und entschwand mit dem Modell für mehrere Tage an einen abgelegenen Ort. So entstand 1984 die Serie «Trans» – eine der ersten Fotoserien, die sich in der DDR mit fluiden Geschlechteridentitäten auseinandersetzte *(Abb. 1)*.[1]

Was Gabriele Stötzer, eine der prägenden Künstlerinnen der alternativen Erfurter Kunstszene, nicht wusste: die Zusammenarbeit fand nur bedingt im staatsfernen Raum einer Gegenkultur statt. Ihr Lockvogel stellte sich nach 1989 als «IM Konrad» heraus, ebenso das Trans-Modell «Winfried». Die beiden inoffiziellen Mitarbeiter des Ministeriums für Staatssicherheit hatten sich Zugang zur Underground-Szene in Erfurt verschafft, um Stötzer in eine kompromittierende Lage zu bringen. Hätte das Shooting die sozialistischen Anstandsregeln verletzt, wären diese Fotos zu Beweisen geworden, um die Künstlerin mit dem Straftatbestand «Pornographie» verurteilen zu können. Stötzer war schon einmal im November 1976 inhaftiert und wegen «Staatsverleumdung» verurteilt worden. Sie war gewarnt. Stötzer kannte die ungeschriebenen Regeln und wusste, wie willkürlich im Sozialismus Recht gesprochen wurde. Aber sie verstand es auch, mit der riskanten Lage klug und produktiv umzugehen. Ihre Kunst entstand aus diesem Balanceakt.

Die Vorwürfe der «Pornographie» und der «Homosexualität» gehörten zu den operativen Maßnahmen der Staatssicherheit, die zur Zerschlagung der inoffiziellen Kunstszenen eingesetzt wurden. Die Gerüchte und Verdächtigungen, die die Stasi fingiert hatte oder durch Abhörung und Überwachung sogleich bestätigt sah, wurden zur allgemeinen Diskreditierung der alternativen Szene genutzt. Stötzer fasst die denunziatorische Praxis im kleingeschriebenen Modus einer Gegenkultur im Rückblick präzise zusammen. «nicht nur die person wurde so ‹zersetzt›: auch die legitimität der diversität der geschlechter wurde so ‹präventiv› aus der ddr ausradiert.»[2]

Dabei verliefen die Grenzen zwischen Underground und Staats-

1 Vgl. Kata Krasznahorkai/Sylvia Sasse (Hg.): Artists & Agents. Performancekunst und Geheimdienste, Leipzig/New York 2019.

2 Gabriele Stötzer in: «Schiefe Kunst». Queerness, Performance, Film und die Stasi in der Kunst. Kata Krasznahorkai im Gespräch mit Gabriele Stötzer, in: Jenny Schrödl/Eike Wittrock (Hg.): Theater* in queerem Alltag und Aktivismus der 1970er und 1980er Jahre, Berlin 2022, S. 109–127, hier S. 119.

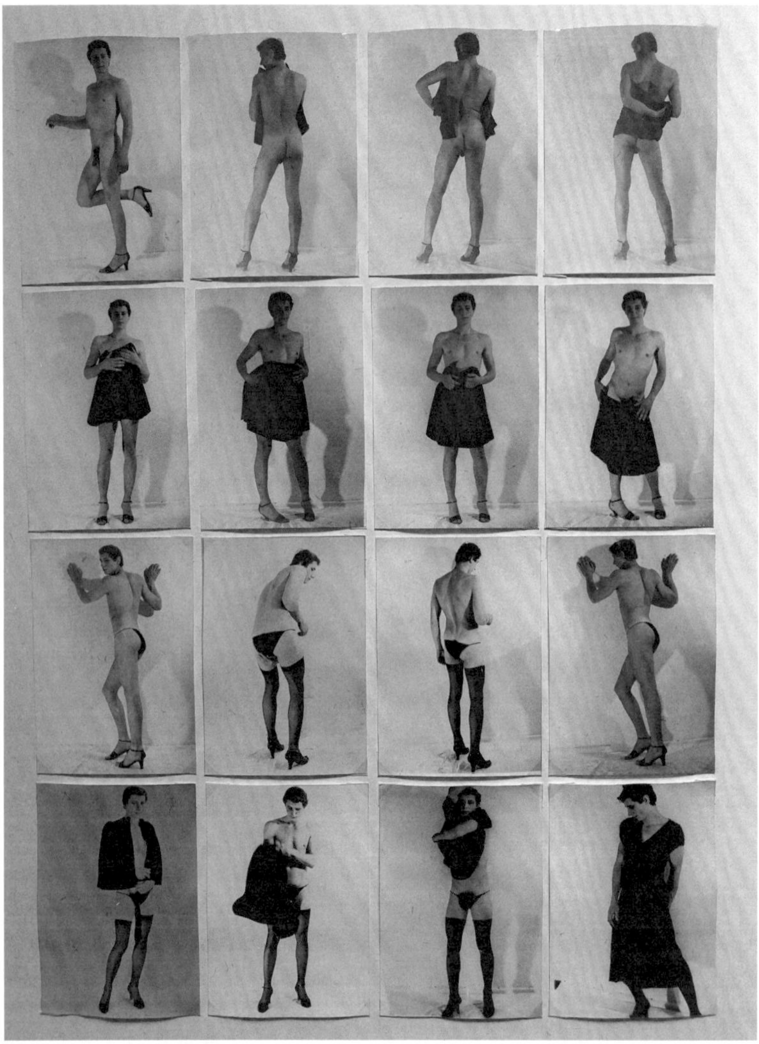

Abb. 1
Gabriele Stötzer: Trans in Schwarz, 1985, Silber-Gelatin-Druck auf Karton, 80 x 60 cm.

sicherheit in der operativen Praxis nicht selten fließend. Auch die Täter-Opfer-Frage konnte widersprüchlich oder im Einzelfall so mehrdeutig sein wie die Geschlechter in der «Trans»-Serie. Um in der subversiven Szene erfolgreich agieren zu können, musste die Stasi nämlich in das Arsenal der Gegenkultur greifen und selbst performativ tätig werden. Und «Winfried» wurde wahrscheinlich auch wegen seiner Homosexualität erpresst, von der Stasi als «Transvestit» ausgebildet und gezielt an Stötzer herangeführt. Heute wissen wir aus den Akten und Gesprächen mit Zeitzeugen von «als ferienlager getarnten ausbildungslager[n] der stasi in der čssr wo männliche und weibliche jugendliche trainiert wurden, wie man männer verführt: sprachtraining, verhaltenstraining, slips mit schlitzen vorn und hinten, und das lernen von verführungstaktiken».[3] Im Falle von «Winfried» verkehrten sich noch einmal die Rollen: Es war Stötzer, die mit der indirekten Hilfe des Nachrichtendienstes ihrer Performance eine weitere künstlerische Schleife hinzufügte: «die ims, die zu mir kamen mit ihrer geschlechterrollenüberschreitung, knüpften für mich aber sofort an das besondere und künstlerische an.»[4] Trotz des enormen Aufwands, Stötzer zu isolieren und Fallen zu stellen, konnte die Stasi ihrer in den achtziger Jahren nicht mehr strafrechtlich habhaft werden. Die operativen Maßnahmen trugen vielmehr im Gegenzug mit dazu bei, dass mit der «Trans»-Serie eben genau jene Art von transgressiver Kunst entstand, die die Stasi mit dem performativen Einsatz des Trans-IM «Winfried» zu verhindern trachtete.

Die Staatssicherheit hatte keine speziell für den Einsatz im Kulturbereich ausgebildeten Mitarbeiter. Um jedoch in die «negativ-feindlichen» Künstlerkreise zu gelangen, brauchte es kunstaffines Personal, das sich auch in alternativen Zirkeln sicher und selbstverständlich bewegen konnte. So brachte die Stasi einen neuen Typus von Informanten ins Spiel: den «Künstler-Agenten», der selbst Teil der Szene war. Einige dieser besonderen Agenten glaubten naiverweise oder auch in einem Anflug künstlerischer Selbstherrlichkeit, in ihrem Agieren stets Herr des Verfahrens zu sein oder gar die Stasi mit den Berichten hinters Licht führen zu können. Ungarn war der DDR im Einsatz von «Künstler-Agenten» schon einen Schritt voraus.

3 Ebd., S. 120.

4 Ebd.

Abb. 2
Approximationsübung des Künstler-Agenten «László Algol» («Pécsi Zoltán»), Balatonboglár, 1973.

Persona der Dreifaltigkeit

Es ist halb sieben an einem warmen Sommerabend. Auf dem Friedhof in einem kleinen Dorf am Balaton bereitet sich ein junger Mann am 12. August 1973 auf seine Aufführung mit einem mehrstufig aufgestockten Titel vor: *Der Chemiker und der Bauleiter. Die Personae der Dreifaltigkeit. Approximationsübung.* Schauplatz dieser Übung ist eine kleine Friedhofskapelle, in der seit 1970 unter der künstlerischen Leitung von György Galántai die «Kapellen-Studio-Ausstellungen» abgehalten wurden. Der Performer sieht ein wenig wie ein Hippie aus. Sein Publikum weiß nicht, dass er alles im Blick behält und längst sein feines Netz auch um sie gesponnen hat *(Abb. 2)*. Genauso wenig ahnen die Zuhörer im Sommer 1973, dass es die Berichte dieses sofort alle für sich einnehmenden Mannes sein werden, die zu einer der erfolgreichsten operativen Maßnahmen in der Untergrundszene Ungarns beitragen sollten. Der Mann, der sich in Künstlerkreisen als Algol vorstellte, führte drei Leben – und war so im Sound seiner «Approximationsübung» selbst eine «Persona der Dreifaltigkeit».

Algol berichtete zugleich als Informant «Pécsi Zoltán» für den politischen Geheimdienst und hieß mit bürgerlichem Namen Gusztáv Hábermann. Die «Approximationsübung» in der Friedhofskapelle war bei Lichte betrachtet eine Annäherung an biographische Unschärfe. Wer Algol in den Siebzigern kannte, erzählt faszinierende Geschichten über ihn: Er wuchs unter Intellektuellen auf, studierte parallel an zwei Universitäten Englisch, Psychologie und Soziologie. Zudem wusste er alles über Musik. Seinen Lebensunterhalt finanzierte er sich mit Gewinnen aus einer beliebten Radioquiz-Sendung. Er verfügte über enzyklopädisches Wissen in den Bereichen von Kunst, Literatur, Geschichte, Philosophie, Medizin, Biologie und Wirtschaft. Ja, sogar in den modernen Disziplinen Informatik und Computerwissenschaften machte ihm so leicht niemand etwas vor. Und zu alledem hatte der universale Wissensvirtuose auch noch ein künstlerisches Spielbein, war als Dichter und Aktionskünstler tätig.[5] Als György Galántai Algol nach 1990 enttarnte und sein informelles Doppelleben als Agent öffentlich machte, beteuerte die «Dreifaltigkeit» von «Hábermann-Algol-Pécsi», dass sie mit der nachrichtendienstlichen Spitzelarbeit nur zu einem besseren Verständnis zwischen der Untergrundszene und dem staatlichen Apparat beitragen wollte. Eine wohl letzte «Approximationsübung», eine künstlerische Annäherung an die historische Wahrheit, die nun durch die Akten offen zutage lag.

Algol legte fast anderthalb Jahrzehnte kontinuierlich Berichte über verschiedene Kreise der ungarischen Kunst- und Literaturszene an. Dazu absolvierte er innerhalb des Staatssicherheitssystems einen elaborierten Karrierepfad, was in so kurzer Zeit nur Wenigen gelang. Er wurde zum Offizier mit Aussicht auf eine gute Pension befördert; außerdem war er in die Weiterentwicklung operativer Maßnahmen des Nachrichtendienstes mit eingebunden. Der letzte Bericht dieses SzT-Offiziers Captain «E/20» (SzT – «szigorúan titkos», streng vertraulich) stammt aus dem November 1987. Heute unterrichtet der Mann mit den vielen Gesichtern unter dem Namen Dr. Gus Habermann als Professor an der Massey University in Neuseeland.

Im Publikum vom 12. August 1973 saß auch Péter Halász – die zentrale Figur des «Kassák Studio», eines experimentellen Thea-

5 Zu «Pécsi Zoltán» siehe auch Anikó Szűcs: Die Desidentifikation des Künstler-Agenten. Ein Close Reading der frühen Berichte des Informanten «Pécsi Zoltán», in: Krasznahorkai/Sasse (Hg.): Artists & Agents, S. 64–82; sowie Tamás Szőnyei: Reales «Netzwerk» – virtuelle Akte. Die Rekonstruktion von «Pécsi Zoltáns» verschollener Arbeitsakte, in: ebd., S. 43–63.

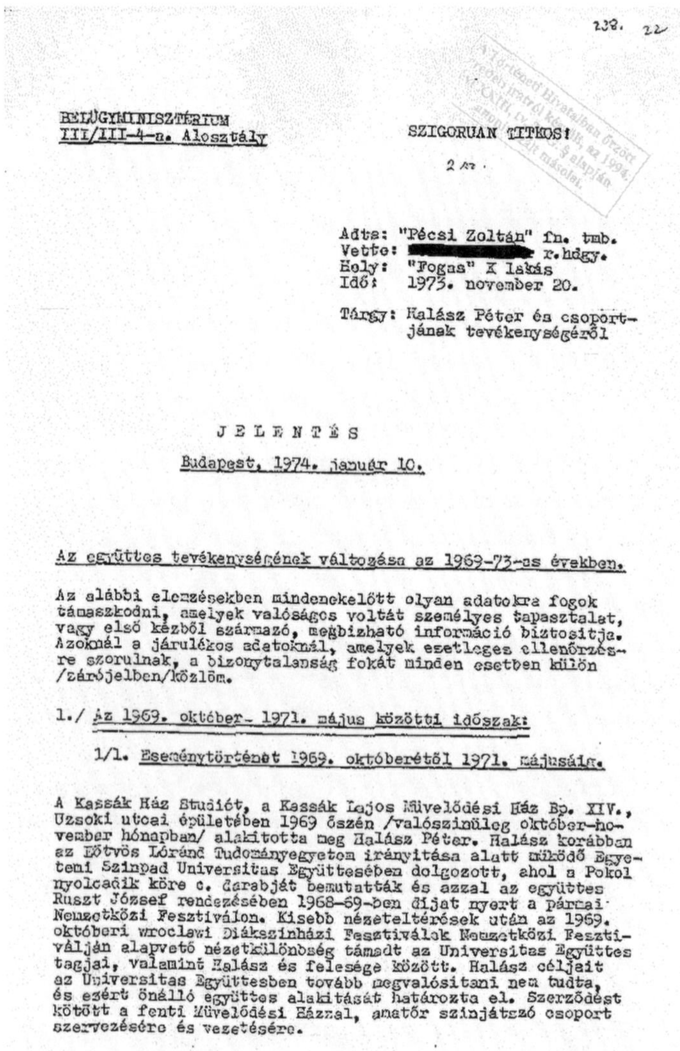

238. 22

BELÜGYMINISZTÉRIUM
III/III-4-a. Alosztály

SZIGORUAN TITKOS!

2 pl.

A Történeti Hivatalban őrzött eredeti iratról készült, az 1994. évi XXIII. tv. ... § alapján kiadott másolat.

Adta: "Pécsi Zoltán" fn. tmb.
Vette: [redacted] r.hdgy.
Hely: "Fogas" K lakás
Idő: 1973. november 20.

Tárgy: Halász Péter és csoportjának tevékenységéről

J E L E N T É S

Budapest, 1974. január 10.

Az együttes tevékenységének változása az 1969-73-as években.

Az alábbi elemzésekben mindenekelőtt olyan adatokra fogok támaszkodni, amelyek valóságos voltát személyes tapasztalat, vagy első kézből származó, megbizható információ biztositja. Azoknál a járulékos adatoknál, amelyek esetleges ellenőrzésre szorulnak, a bizonytalanság fokát minden esetben külön /zárójelben/közlöm.

1./ Az 1969. október- 1971. május közötti időszak:

1/1. Eseménytörténet 1969. októberétől 1971. májusáig.

A Kassák Ház Stuiiót, a Kassák Lajos Művelődési Ház Bp. XIV., Uzsoki utcai épületében 1969 őszén /valószinüleg október-november hónapban/ alakitotta meg Halász Péter. Halász korábban az Eötvös Lóránd Tudományegyetem irányitása alatt működő Egyetemi Szinpad Universitas Együttesében dolgozott, ahol a Pokol nyolcadik köre c. darabját bemutatták és azzal az együttes Ruszt József rendezésében 1968-69-ben dijat nyert a pármai Nemzetközi Fesztiválon. Kisebb nézeteltérések után az 1969. októberi wroclawi Diákszinházi Fesztiválok Nemzetközi Fesztiválján alapvető nézetkülönbség támadt az Universitas Együttes tagjai, valamint Halász és felesége között. Halász céljait az Universitas Együttesben tovább megvalósitani nem tudta, és ezért önálló együttes alakitását határozta el. Szerződést kötött a fenti Művelődési Házzal, amatőr szinjátszó csoport szervezésére és vezetésére.

terkollektivs und Nukleus der ungarischen Gegenkultur der siebziger Jahre. Algol hatte sich das Vertrauen von Halász und seinen Mitstreitern erschlichen und war Teil einer verschworenen Künstlergemeinde geworden. Von dort berichtete er Innenansichten aus der subkulturellen Szene. In einem fünfzehnseitigen, auf den 10. Januar 1974 datierten Papier hält er etwa die «Veränderungen in den Aktivitäten des Ensembles zwischen 1963 und 1973» fest *(Abb. 3)*.[6] Kühl und analytisch stellt er die Geschichte des «Kassák Studio» seit den Anfängen der Gruppe in Budapest dar. Der fast akademische Anspruch des Berichts zeigt sich in der

Abb. 3
«Betreff: Die Tätigkeiten von Péter Halász und seiner Gruppe, ÁBTL O-16268/1». Auszug aus dem fünfzehnseitigen Bericht, «Pécsi Zoltán», Budapest, 10. Januar 1974.

thematischen Unterteilung in Kapitel, die die Geschichte des Theaterkollektivs entlang der stilistischen Entwicklung von 1969 bis 1973 in drei Phasen nachvollzieht. Dabei untersucht das Dossier systematisch die unterschiedlichen Entwicklungsstadien der Gruppe in Bezug auf Ensemblemitglieder, die Art der künstlerischen Tätigkeit, die Veränderungen im Stil und in der Besetzung, um anschließend auf «strukturelle Veränderungen in den Stücken – die Erweiterung des Instrumentariums» zu sprechen zu kommen.

Den Vorwürfen der «Obszönität» und «politischer Anspielungen», die ein strafrechtliches Nachspiel hätten haben können, widmete «Pécsi Zoltán» eigene Kapitel. So interpretierte er die zur Schau gestellte Obszönität als «Spezialeffekte», die die Gruppe nur «äußerlich» einsetze, um die Aufmerksamkeit des Publikums zu erregen – ein erstaunlicher argumentativer Rückgriff auf altbewährte wirkungsästhetische Strategien. Auch wenn «einige Künstler aus dem Westen den Sexualakt per se als Kunst definieren (...) und Gruppensex in ihren Stücken einsetzen (...), und es in Ungarn zweifellos Fälle von Gruppensex gab – obwohl ich das nie mit eigenen Augen gesehen habe –, (...) kam es in den Ensemblestücken nie zu einem Sexualakt, und ich bin völlig davon überzeugt, dass keiner der Schauspieler der Gruppe eine solche Handlung in der Öffentlichkeit hätte vollziehen können».[7] Der «Künstler-Agent» stellt die Grundsatzfrage, ob die bloße Nachahmung von obszönen Handlungen als Obszönität definiert werden könne. Auch wenn der «Künstler-Agent» versucht, sich in diesen Passagen als Vermittler zwischen den Sphären von Kunst, Staat und Öffentlichkeit zu positionieren, bleibt das Bild von Algol widersprüchlich. So hatte er schon wenige Monate nach der Performance in der Kapelle in seinem ersten Bericht über die Halász-Gruppe auf die «Obszönität» als eines der Hauptprobleme der Gruppe ostentativ hingewiesen, die für ihn auch ein Grund war, erst einmal auf Distanz zur Gruppe zu gehen.

Was Algol nicht ahnen konnte, war, dass seine Berichte Material und Argumente lieferten, die bis heute im populistischen Rechtsdiskurs in Ungarn (aber auch in Russland) ihre giftige Virulenz entfalten sollten. Subversive oder auch nur staatlich nicht

6 «Pécsi Zoltán»: Az együttes tevékénységének változása az 1969–73-as években, 1974. ÁBTL O-16268/1 («Horgászok»), S. 238–252.

7 Ebd.

genehme Künstler mit dem Vorwurf der «Obszönität» bloßzustellen und als «westliche Agenten» oder «feindliche Elemente» zu markieren, ist in der populistischen Rhetorik der ungarischen Kulturpolitik heute eine gängige Praxis, wie wir weiter unten noch sehen werden. Genau diese Praxis zeigte sich aber bereits in der publizistischen Nachberichterstattung der Kapellen-Ausstellung.

Kulturkampf im Sozialismus

In der auflagenstärksten Tageszeitung Ungarns, *Népszabadság*, erschien am 16. Dezember 1973 auf der ersten Seite der Sonntagsbeilage ein ganzseitiger Artikel von László Szabó mit dem Titel «Happening in der Gruft». Einem größeren Publikum war der Journalist besser bekannt als Fernsehgesicht aus der populären Kriminalsendung *Blaues Licht*. Zwar knipste Szabó in seinem Bericht über das «Happening» das rote Warnlicht nicht gleich an: «Ich bezeuge, dass ich in Balatonboglár niemanden gefunden habe, der im Sommer in der Friedhofskapelle Massen-Sex-Partys gesehen hätte.»[8] Aber dieser Auftakt in der Kolumne diente weniger der Klarstellung der Gerüchte als der Verhöhnung der Künstler, die er konsequent in Klammern setzte und in einer Generalsuada mit allerlei moralisch verwerflichem Verhalten (Drogenmissbrauch, Perversionen etc.) in Verbindung brachte. Die Abrechnung mit der Happening-Kultur endete mit dem wenig originellen, populistischen Befund, dass die Kunst sich hier vor allem in der Kunst ausdrückt, sich «vor der Arbeit zu drücken».[9] Aber auch die Provenienz der Happening-Idee wird von Szabó geoästhetisch hier schon genau verortet. «Man sieht, woher die Idee kommt: Die westlichen Zeitungen sind voll von Beschreibungen ähnlicher ‹Happening›-Skandale. (...) Anarchismus, Antisemitismus, Nationalismus, Kosmopolitismus (...) bis hin zum Maoismus.»[10] Worauf der Kolumnist sich nach der Tirade zum Kommissar aufschwingt – und seine Kolumne mit der Forderung schließt: «Das muss verboten werden.»[11] Tatsächlich musste nicht eigens vom Kolumnisten nach der Polizei gerufen werden, da die Kapellen-Ausstellungen schon vier Monate vor Erscheinen dieser hetzerischen Kolumne geschlossen wurden.[12] Drei Jahre später wurde das gesamte Kassák-Ensemble um Péter Halász aus Ungarn

8 Szabó László: Happening a kriptában, in: Népszabadság vom 16. Dezember 1973, S. 1.

9 Ebd.

10 Ebd.

11 Ebd.

12 Zu den Kapellen-Ausstellungen vgl. auch György Galántai: How Art could Begin as Life (https://artpool.hu/boglar/project/introduction.html), und ders.: The Short Story of the Chapel Studio at Balatonboglár (https://artpool.hu/boglar/short.html).

ausgebürgert. Im selben Jahr 1976 übrigens, in dem in einem anderen sozialistischen Bruderstaat Gabriele Stötzer, die die Protestresolution gegen die Ausbürgerung von Wolf Biermann mitunterzeichnet hatte, wegen «Staatsverleumdung» inhaftiert wurde.

Unter dem Namen «Squat Theatre» ist das «Kassák Studio» später zu internationalen Meriten gekommen: Die großen Figuren des Autorenfilms Jim Jarmusch, Jonathan Demme oder auch der deutsche Film- und Theaterregisseur Rainer Werner Fassbinder bekannten sich zu den prägenden Einflüssen des Squat Theatre. Dagegen wird die avantgardistische Leistung des «Kassák Studio» in der offiziellen Theatergeschichte Ungarns bis heute marginalisiert: «Theaterhistorisch ist ihre Arbeit wirklich eine Sackgasse, sie kann einfach nicht in die Geschichte des ungarischen Theaters eingeordnet werden»,[13] urteilte der Kunsthistoriker Gergely Nagy. Das Spiel mit Grenzüberschreitungen und Geschlechterrollen an der Nahtstelle von Leben und Kunst, wie es von der Kassák-Gruppe mehrdeutig und widersprüchlich in Szene gesetzt wurde, scheint für den heutigen Machtapparat und seine loyalen Adepten noch genauso politisch gefährlich zu sein wie zu Zeiten der kommunistischen Diktatur. So schloss Nagy die Gegenkultur der siebziger Jahre unmittelbar kurz mit der eigenen Zeit – mit unverhohlenem Fingerzeig zu den Apparaten der Zensur. «Langsam zeichnet sich vielleicht auch ab, welche Konsequenzen sich aus diesen Mechanismen für Budapest 2017 ergeben und wie sie mit der konsensualen Realität in Beziehung stehen, in der wir derzeit leben.»[14]

Kulturkampf in Ungarn

Ein Boulevard-Journalist als Meinungssoldat, der «verwestlichte» Künstler und Intellektuelle auf Anweisung «von oben» als «Staatsfeinde» brandmarkt: Es gehört zu den bestürzenden Momenten unserer Zeit, dass sich diese begriffspolitischen Manöver und Feindzuschreibungen aus einer vergangenen sozialistischen Epoche unter anderen Namen heute wieder abspielen. Alte Ideologeme, Gerüchte und Praktiken der Nachrichtendienste aus dem Kalten Krieg werden im Ungarn der Jetztzeit von den aktuellen Potentaten und ihren Lautsprechern neu dienstbar gemacht für die eigene nationalistische Agenda.

13 Gergely Nagy: A szabadság fantomja, 2017 (https://artportal.hu/magazin/a-szabadsag-fantomja/).

14 Ebd.

«Die Zerstörung einer Gesellschaft beginnt fast immer mit der Kultur. (...) die Zerstörung seiner Moral durch die Kultur ist die gleiche strategische Operation wie andere Taktiken des Militärs» – verlautbart es martialisch vom Klappentext eines Buches mit dem provokanten Titel *Die Diktatur der Kultur.*[15] Wie die Autoren dieses Buches, seine eifrigen Propagandisten Árpád Szakács und Zsolt Bayer, entdeckte auch Viktor Orbán «die Kultur».

Im Juli 2018 erklärte der ungarische Ministerpräsident: «Eine Ära ist immer mehr als ein politisches System. Eine Epoche ist eine besondere und charakteristische kulturelle Realität. (...) Das ist die Aufgabe, vor der wir jetzt stehen: wir müssen das politische System in eine kulturelle Ära einbetten (...).»[16] Flankierend bezeichnete Orbán all die, die sich der eigenen «nationalen» Agenda widersetzen, als «westliche Agenten». Die politische Selbstbeschreibung der «illiberalen Demokratie» findet in der Sphäre der Kultur ihr denunziatorisches Korrelat in der «linksliberalen Diktatur». Vor dem begrifflichen Horizont des totalitären Zeitalters sind diese neuen Kopplungen ein Beispiel für jene «Machttechnik», die Sylvia Sasse unlängst als «Verkehrung ins Gegenteil» bezeichnet hat.[17] In dieser verqueren Logik neu zusammengepuzzelter, sich eigentlich ausschließender Komponenten – die die ideologische Matrix der Orbán-Regierung bilden – sind die oppositionellen «liberalen Eliten» für den sich «demokratisch» dünkenden Autokraten nicht weniger als die eigentlichen Diktatoren.[18]

«Wessen Kulturdiktatur¿»[19] – fragte Orbáns entflammter Kulturkrieger Szakács dann auch in einer Zeitungsserie, deren letzter Artikel den Titel «Die ungarische Kultur in ihrem Endstadium» trug.[20] Szakács listet hier die Feinde der offiziellen Kulturstaatspolitik nacheinander auf: «Sexuelle Verirrung hat auch das Puppentheater erreicht», «Die Spitze der linksliberalen Kunst: Orgie, Perversion, Verirrung», «Anarchistische Rebellion gegen die Rechten», «Linksliberale Diktatur in der Popmusik» oder «Migranten-Streichel-Aktionen mit staatlichen Subventionen (...)» sind nur ein paar der giftigen Stilblüten aus seinem xenophoben und rechtsradikalen Portfolio. «Perversion», «Pornografie» und das «Schänden christlicher Symbole» werden von Szakács als Höhepunkte der linksliberalen Kunst bezeichnet. In

15 Árpád Szakács/Zsolt Bayer: A kultúra diktatúrája, Budapest 2019. Árpád Szakács hatte sich zuvor als Immobilienverwalter betätigt, der Journalist Zsolt Bayer mit rassistischen und homophoben Ausfällen und Beleidigungen einen Namen in den Fidesz-nahen Medien gemacht. Ferner ist er Gründungsmitglied der ungarischen Regierungspartei Fidesz.

16 Viktor Orbán: Rede auf der 29. Freien Sommeruniversität in Bálványos, in: Tusnádfürdő vom 28. Juli 2018 (https://www.kormany.hu/hu/a-miniszterelnok/beszedek-publikaciok-interjuk/orban-viktor-beszde-a-xxix-balvanyosi-nyari-szabadegyetem-es-diaktaborban)).

17 Sylvia Sasse: Verkehrungen ins Gegenteil: Über Subversion als Machttechnik, Berlin 2023.

18 Árpád Szakács: Nem szabad mérvadónak tekinteni a liberális elit véleményét, in: Magyar Idők vom 14. Dezember 2018.

19 Árpád Szakács: Kinek a kulturális diktatúrája, in: Magyar Idők, Artikelserie vom 16. November 2017 bis 15. Dezember 2018.

20 Árpád Szakács: Végstádiumban a magyar kultúra, in: Magyar Idők vom 15. Dezember 2018.

Abb. 4
Golden Gays: Die «World Press Photo»-Ausstellung zeigte im Herbst 2023 im Nationalmuseum in Budapest auch Fotos älterer Trans-Menschen in einer Wohngemeinschaft auf den Philippinen. Fotografie aus der «Trans-Serie» der Fotojournalistin Hannah Reyes Morales (für die New York Times).

einem Interview mit der *Financial Times* warnte der ehemalige Direktor des Nationaltheaters Róbert Alföldi der als bekennend homosexuelle, öffentliche Person zu den Hassfiguren der rechten Kulturkämpfer gehört, bereits 2018 vor der vorauseilenden Eigenlogik einer immer weiter um sich greifenden Selbstzensur im ungarischen Kulturbereich: «Es gibt ein System, das aufgebaut worden ist und das funktioniert. [Theaterdirektoren] müssen nicht mehr angerufen oder ins Ministerium zitiert werden. Sie wissen, was von ihnen erwartet wird.»[21]

«Was erwartet wird», das hätte der langjährige loyale Fidesz-Parteisoldat Zoltán L. Simon als Direktor des Nationalmuseums in Budapest wissen können. Trotzdem wurde ihm über Nacht gekündigt, weil er das sogenannte «Kinderschutz- oder LGBTQI-Gesetz» nicht umgesetzt hatte. Nach den Direktiven der neuesten kulturpolitischen Maßnahmen hätte er allen Besucherinnen und Besuchern unter 18 Jahren den Zutritt zu der «World Press Photo»-Ausstellung, in denen Trans-Menschen in

21 Valerie Hopkins im Gespräch mit Robert Alföldi: Combative premier Orbán sends chill through Hungarian culture, in: Financial Times vom 22. September 2018.

einem Altersheim auf den Philippinen porträtiert wurden, verwehren müssen *(Abb. 4)*.[22] Und weitere Sanktionierungen kündigen sich durch das im Dezember 2023 in Kraft getretene «Souveränitätsschutzgesetz» für die Kulturszene bereits an.

Vor vierzig Jahren war es Gabriele Stötzer noch gelungen, im «Obszönität»-Kosmos der DDR der achtziger Jahre die pornografischen Fallensteller der Stasi mit ihren eigenen Waffen zu schlagen – und mit der «Trans»-Serie ein Dokument unfreiwilliger Staatssicherheitsperformance zu kreieren. Der Geheimdienstapparat stellte Material und Personal bereit, die Regie blieb jedoch fest in der Hand der Gegenkultur. Aber es gehört eben genauso zum vielschichtigen Bild – wie der ungarische Fall Algol uns gezeigt hat –, dass es das von «Künstler-Agenten» an die Organe der Repression frei Haus gelieferte Material war, das heute von den rechten Regierungen der einstmaligen sozialistischen Staaten für ihren perfiden «Kulturkrieg» genutzt wird. Auch diese Transgression gehört in dem verschlungenen Bild von Subversion und Repression zum Nachleben der Figur des «Künstler-Agenten».

22 Cathrin Kahlweit: Wegen Widerspruch gefeuert, in: Süddeutsche Zeitung vom 7. November 2023. Im Museum für Völkerkunde musste auf das Gesetz nicht mehr hingewiesen werden: Fotos, die indigene Menschen in Brasilien zeigen, wurden in vorauseilendem Gehorsam mit einer schwarzen Kordel abgetrennt. Ein Grund für die Radikalisierung der Kulturpolitik in Ungarn liegt auch in der noch weiter rechts von Fidesz stehenden Bewegung «Mi Hazánk», die die Regierungspartei im Kulturkampf vor sich hertreibt.

Bildnachweis:
Abb. 1: Gabriele Stötzer, © VG Bild-Kunst, Bonn 2024. – Abb. 2: Artpool Art Research Center/Museum of Fine Arts, Budapest, Foto: György Galántai (2024). – Abb. 3: ABTL/Historical Archives of the Hungarian State Security, Budapest. – Abb. 4: © Hannah Reyes Morales/The New York Times/Redux/laif.

Hana Gründler

Nichtstun in der ČSSR

Zwischen Strumpfwerbung und neuen Justizmorden in Russland fand die aufmerksame Leserin in den *Lidové Noviny* am 27. März 1923 einen kurzen Artikel, der das bürgerliche Publikum dieses in der jungen Tschechoslowakischen Republik beliebten Blattes überrascht haben dürfte. Hinter Karel Čapeks unangestrengt anmutendem Titel «Lob des Nichtstuns» versteckt sich eine zwar verspielt formulierte, aber kühne und politisch riskante Aufforderung: Statt sich dem Müßiggang zu widmen, dem die fleißigen Bürgerinnen und Bürger am Wochenende oder in den Ferien wohlverdient frönen – hier eine Partie Tennis, da ein Ausstellungsbesuch, und dann ein bisschen Faulenzen –, solle man sich dem Nichtstun rund um die Uhr verschreiben. Nicht das kommode Viertelstündchen («jenom čtvrt hodinky») steht zur Debatte, das eingestickt in samtige Kissen jedes zweite Sofa in der Tschechoslowakei zierte und dem erschöpften Denk-Arbeiter eine kurze Traumpause versprach, sondern eine existentiell umfassende Form der Untätigkeit. Diese dient wohlgemerkt nicht der Vorbereitung auf weiteres Tun; vielmehr werden durch die Schärfung der Wahrnehmung die Parameter des eigenen Erlebens und Seins neu justiert, ja eine andersartige Welt wird entdeckt.

So bestimmt Čapek das Nichtstun zunächst auch nicht positiv über das, was es ist, sondern darüber, was es nicht ist: «(...) das Nichtstun ist weder Sichausruhen noch Vergnügen. Das Nichtstun, das reine, vollkommene Nichtstun ist weder Kurzweiligkeit noch Langeweile. Das Nichtstun, das ist etwas Negatives.»[1] Was hier aufblitzt, ist weitaus mehr als eine simple Infragestellung des bürgerlichen Arbeitsethos, das die abendländische Todsünde der Faulheit oder das antike Ideal des Müßiggangs in ein streng durchgetaktetes Freizeitkorsett presst, das zumindest die Illusion von selbstbestimmtem Handeln aufrechterhält. Weder geht es Čapek darum, mit dem Anarchisten Paul Lafargue gegen die sozialistische Forderung des unbedingten «Rechts auf Arbeit» zu wettern und stattdessen für das «Recht auf Faulheit» einzutreten.[2] Noch sich mit dessen Schwiegervater Karl Marx ein Schlaraffenland auszumalen, in dem es jedem freigestellt ist, «heute dies, morgen jenes zu tun, morgens zu jagen, nachmittags zu fischen, abends Viehzucht zu treiben, nach dem Essen zu kritisie-

1 Karel Čapek: Chvála zahálky, erschienen am 27.3.1923 in der Zeitung Lidové Noviny. Die Übersetzung stammt von der Autorin, siehe in dieser Ausgabe, S. 55 f.

2 Paul Lafargue: Le droit à la paresse, Paris 1883 (dt.: Das Recht auf Faulheit, Hamburg 2014).

ren, wie ich gerade Lust habe, ohne je Jäger, Fischer, Hirt oder Kritiker zu werden.»[3]

Čapek will «noch weniger»: er will nichts tun, wobei die Betonung auf dem «Nichts» liegt. Dass das «vollkommene Nichtstun» von einem Denker gepriesen wird, der 1920 in seinem Roboter-Theaterstück *R. U.R.* die totalitären Versuchungen des technologischen Fortschritts aufgezeigt hat, sollte uns in Zeiten der künstlichen Intelligenz zu denken geben. Skizziert Čapek in seinem futuristischen Theaterstück am Ende eine Utopie, in der die beiden sich liebenden technoiden Arbeitssklaven Primus und Helena zu Adam und Eva, in den Zustand der Unschuld zurückverzaubert werden – ein neues Paradies der Untätigkeit scheint auf –, so eröffnen sich für Čapek durch die radikale Form des Nichtstuns erst die Dimensionen der Freiheit im Jetzt.[4] Die paradoxen Sprachbilder, die er für die Beschreibung dieses Zustands des Nichts(-tuns) schafft, erinnern an Zen-buddhistische meditative Praktiken der «Entleerung» des Bewusstseins, in der die Meditierenden die vollkommene Inhaltslosigkeit erlangen. «Wie ein Stein sein, aber ohne Schwere. Wie Wasser sein, aber ohne Spiegelung. Wie eine Wolke, aber ohne Bewegung.»[5] Dieses «vollkommene Nichtstun» dient gemäß Čapek nicht dazu, den Menschen in einem unmittelbaren utilitaristischen oder auch nur pragmatischen Sinne zu glücklicheren Lebensumständen zu verhelfen, wie es sich etwa der englische Philosoph und Friedensaktivist Bertrand Russell 1935 erhoffte. Der Zufall wollte, dass Čapeks Aperçu im selben Jahr wie Russells Essay *In Praise of Idleness* erstmalig ins Englische übersetzt wurde (und auch den gleichen Titel trug).[6] Doch während der Friedensaktivist durchaus im intellektuellen Gleichstrom seiner Zeit dafür eintritt, dass das Faulenzen oder Sichausruhen, kurz, das Nichtstun als ethische Besänftigung und ludische Praktik zu einem integrativen Teil jeder sozialistischen, humanen und offenen Gesellschaft wird,[7] lässt Čapek einen metaphysisch-asketischen Horizont aufscheinen. Dazu passt, dass er seinen untergründigen Exkurs ins Nichtstun nicht nur mit der schillernden Wortschöpfung des «zu Ende nichten» abschließt, sondern zugleich die beschwerliche Rückkehr in die Alltagswelt beschreibt, von der sich die Nichtstuenden dann erst einmal ausruhen müssen.[8] Statt eines

3 Karl Marx: Die deutsche Ideologie (Feuerbach-Kapitel), in: Karl Marx/Friedrich Engels: Marx-Engels-Werke (MEW), Bd. 3, Berlin 1978, S. 33.

4 Čapek: Lob des Nichtstuns, siehe S. 55 f.

5 Ebd., S. 56.

6 Karel Čapek: In Praise of Idleness, The Atlantic, April 1936. Zu Russells Essay «In Praise of Idleness» und Čapek vgl. Howard Woodhouse: Introduction, in: Bertrand Russell: In Praise of Idleness and Other Essays, London 2004, S. XI–XXIII.

7 Russell: In Praise of Idleness, S. 1–15.

8 Čapek: Lob des Nichtstuns, siehe S. 56.

abstrakten humanistischen Sozialismus, der die blinden Flecken der Friedensethik in Zeiten totalitärer Mobilmachung und britischer Appeasement-Politik geflissentlich ignoriert,[9] geht es Čapek um einen reflektierten Rückzug, in dem sich individualethisches Streben nach Seelenruhe und schöpferische Negation vereinen.

Die Schule des Nichtstuns

Čapek reiht sich mit seinem Lob des Nichtstuns in eine jahrtausendealte, Ost und West überspannende Tradition des Nachdenkens über verschiedene Formen und Auswirkungen des Tätig- und Untätigseins, der Teilhabe und des Rückzugs ein. Das Spektrum reicht vom chinesischen Prinzip des *Wu wei*, welches die höchste Herrschaftsform des handelnden Nichthandelns repräsentiert, über das antike *otium*, (früh-)christliche Praktiken der Kontemplation, hin zu Friedrich Nietzsches beißender Kritik des modernen Lebens als Jagd nach Gewinn, die den Geist erschöpft und somit in letzter Instanz das Denken an sich verunmöglicht.[10]

Gerade das *otium*, das Nietzsche in seiner *Die fröhliche Wissenschaft* als eine geistig produktive und aktive Form des Müßiggangs beschreibt, wird heute – in einer plakativen Polarisierung von *otium* und *negotium* – gerne als eine «apolitische» Lebensform beschrieben.[11] Dabei war es ursprünglich in der ersten großen ideenhistorischen Schule des Nichtstuns – der Stoa – noch ganz anders gedacht. In seiner kurzen Schrift *De otio* zeigt Seneca, dass sich das Universum nicht durch oberflächliches Hinsehen begreifen lässt.[12] Einzig die Kontemplation – als reine Betrachtung beziehungsweise tiefe Schau und Abwesenheit von *actio* – ermöglicht Kenntnis des Unsichtbaren. Und diese philosophische Betrachtungsweise bedarf des Rückzugs. Doch dann schlägt Seneca einen Weg ein, der dem Text eine untergründige politische Note verleiht. Denn statt damit abzuschließen, dass sich die Weisen eben aufgrund der Suche nach den Wahrheiten der Natur für die *vita contemplativa* entscheiden, beschreibt Seneca das *otium* als eine reflektiert kritische, auch widerständige, ja gar als eine politische Praxis. Nicht nur wählt man das *otium* bewusst, statt es passiv über sich ergehen zu lassen, und zeigt somit Haltung, also

9 Die Tschechoslowakische Republik war 1938 ein prominentes Opfer der britischen Appeasement-Politik: Mit dem Münchner Abkommen vom 29. September 1938 musste sie das Sudetenland an Nazi-Deutschland abtreten, was Hitler aber nicht – wie von den Briten, Franzosen und Italienern erhofft – von der Invasion der restlichen Tschechoslowakei am 15. März 1939 abhielt.

10 Allgemein zu Passivität und Otium vgl. Kathrin Busch/Helmut Draxler (Hg.): Theorien der Passivität, München 2013, oder Inga Wilke/Gregor Dobler u. a. (Hg.): Produktive Unproduktivität. Zum Verhältnis von Arbeit und Muße, Tübingen 2020. Zum Nichtstun als politische Praxis vgl. Agata Frischmut: Nichtstun als politische Praxis: literarische Reflexion von Untätigkeit in der Moderne, Bielefeld 2021.

11 Friedrich Nietzsche: Die fröhliche Wissenschaft, in: Giorgio Colli und Mazzino Montanari (Hrsg.): Friedrich Nietzsche: Kritische Studienausgabe, Bd. 3, Morgenröte, Idyllen aus Messina, Die fröhliche Wissenschaft, München 1980, S. 556 f.

12 Seneca: De otio, in: ders.: Schriften zur Ethik. Die kleinen Dialoge, herausgegeben und übersetzt von Gerhard Fink, Düsseldorf 2008, S. 458–477.

ethos. Der «Weise», so Seneca, wird auch nicht in «den Dienst eines *jeden* Staates treten». Denn «wer kritische Fragen stellt, dem wird es immer an einem geeigneten Staat fehlen».[13] Seneca verfolgt diese Linie in *De otio* weiter und schreibt, dass unter einem schlechten politischen Regime der Punkt erreicht sei, an dem «der Rückzug für alle unausweichlich ist, weil es das, was man allein dem zurückgezogenen Leben hätte vorziehen können, nirgends gibt».[14] Nichtstun wird so bereits in der Antike zu einer Untergrundpraxis.

Senecas Überlegungen zum *otium* hatten ein langes Nachleben. Deutlich klingen diese politisch-kritischen Untertöne in einem im Florenz der 1440er Jahre angesiedelten moralischen Dialog des Architekten und Humanisten Leon Battista Alberti an. In *Über die Seelenruhe* loten Agnolo Pandolfini und Niccola de' Medici gemeinsam folgende Frage aus: Inwiefern ist es in politisch finsteren und repressiven Zeiten erlaubt, sich vollkommen aus öffentlichen Ämtern und Diskursen zurückzuziehen und stattdessen im Privaten gemeinsam mit Gleichgesinnten über alternative Formen eines «guten Lebens» nachzudenken?[15] Obgleich Alberti im Verlauf des Dialoges immer wieder auf die Bedeutung der *civitas* zurückkommt und den Menschen aristotelisch primär als in der Gesellschaft verortetes, handelndes *zoon politikon* beschreibt, nimmt er eine für seine Zeit erstaunliche Position ein. Der Rückzug vom *negotium* ist geradezu zwingend, wenn man als Individuum nicht seine ethische Integrität verlieren will. Die widrigen Zeiten, von denen Alberti spricht, verlangen eine Arbeit am Selbst, die paradoxerweise auch eine Anleitung zum Nichtstun sein kann. Dass die *vita contemplativa* ein Schutz vor der Brutalität der Wirklichkeit sein kann, beschreibt der Humanist eindringlich am Ende seines Dialoges und deutet hierfür die Legende vom Tod des Archimedes um.[16] In Albertis hoffnungsvoller Erzählung weist der kluge Herrscher M. Maximus die brandschatzenden Soldaten an, den Weisen nicht zu töten, die dianoetischen Tugenden unterbrechen den Lauf der kriegerischen *actio*. Viele Jahrhunderte später wird ein tschechischer Underground-Künstler die Legende des Archimedes auf einem umgepflügten Acker in der ČSSR wieder aufgreifen – wie wir noch sehen werden.

13 Ebd., S. 475.

14 Ebd., S. 477.

15 Leon Battista Alberti: Über die Seelenruhe oder Vom Vermeiden des Leidens in drei Büchern, herausgegeben, eingeleitet und kommentiert von Hana Gründler, mit Katharine Stahlbuhk und Giulia Baldelli, übersetzt von Victoria Lorini, Berlin 2022.

16 Ebd., S. 122.

Abb. 1
Alter Meister des Nichtstuns: «Michelangelo (?) vor einer Nische sitzend und schlafend», Léon Davent zugeschrieben, nach Marcantonio Raimondi und Raffael, Kupferstich, 1530–1560.

Weiße Flächen

Für Seneca und Alberti sind der Müßiggang und das Nichtstun eng mit einer speziellen Form des Sehens verknüpft, die weit über den alltäglichen Blick auf die Dinge hinausgeht und sowohl ästhetischer als auch ethischer Natur ist. Die Fähigkeit zur kontemplativen Schau wurde Philosophen und Künstlern seit der Antike zugeschrieben und das inspirierte Nichtstun häufig visuell inszeniert.[17] Im Gegensatz zu den stets tätig sein müssenden Handwerkern wurden etwa frühneuzeitliche Künstler wie Raffael oder Michelangelo bewusst als Untätige, ja gar Schlafende dargestellt. Die ikonographische Nähe zu Melancholiker-Bildnissen war dabei durchaus ambivalent konnotiert, da die mit der Melancholie einhergehende Untätigkeit, die *acedia*, eine der sieben Todsünden war. Ein kleiner Kupferstich mit dem schlafenden Michelangelo verbildlicht dies auf tiefsinnige Weise *(Abb. 1)*.[18] Der Künstler sitzt auf den Treppenstufen seines kargen Ateliers, das müde Haupt auf seine rechte Hand aufgestützt. Kein

17 Vgl. Christian Trottmann (Hg.): Vie active et vie contemplative au Moyen âge et au seuil de la Renaissance, Rom 2009; Walter S. Melion/Ralph Dekoninck/Agnes Guiderdoni-Bruslé (Hg.): Ut pictura meditatio: The Meditative Image in Northern Art, 1500–1700, Turnhout 2012.

18 Hana Gründler: Raffael im Mantel, in: Disegno. Der Zeichner im Bild der Frühen Neuzeit, hg. von Hein-Th. Schulze Altcappenberg und Michael Thimann (Ausst.-Kat., Kupferstichkabinett, Berlin 2007) München 2007, Kat.-Nr. 8, S. 72 f.

einziges Werkzeug ist in dem Raum zu sehen, allein das Fenster hinter Michelangelos Kopf erinnert an eine weiße, leere Leinwand, die darauf zu warten scheint, von Michelangelo mit seinen künstlerischen (Traum-)Visionen bemalt zu werden. Und auch die schöpferischen Künstlerhände sind kaum zu sehen: Michelangelos Linke versinkt in den Falten des Gewandes, und die Rechte ist durch das schwere Haupt beinahe gänzlich verdeckt.

Stellte diese Entmaterialisierung und Negation einer «künstlerischen Hand» und Handlung im weiteren Sinne in Kunst und Kunsttheorie der Vormoderne eher die Ausnahme dar, so fand sie im 20. Jahrhundert immer mehr Anhänger. Und so erstaunt es nicht, dass in Čapeks kleinem Manifest «Lob des Nichtstuns» ebenfalls eine leere weiße Fläche auftaucht. Idealerweise, so Čapek, greift der schöpferische Geist nicht nur nicht mehr selbst zum Stift, sondern liest das wie von Geisterhand Geschriebene auch gar nicht. Das kreative Nichtstun streicht der tschechische Dramaturg ganz selbstverständlich aus dem künstlerischen Sündenkatalog. Ähnlich sah es auch Kasimir Malewitsch, der 1921, nur zwei Jahre vor Čapek, ebenfalls einen kurzen Text über die Inaktivität verfasst hatte – *nota bene* bereits in einem sozialistischen Arbeiterstaat, der mit der Vorstellung des Suprematisten wenig anzufangen wusste: Die Faulheit, so Malewitsch, sei die tatsächliche Wahrheit der Menschheit, die sich durch das *otium* endlich von allen äußeren Zwängen befreien werde.[19] Das schwarze Quadrat auf weißem Grundfeld – die Befreiung der Kunst vom Gewicht der Dinge, der «weiße Gedanke», der zum Nichts führt.[20]

Die asketische Revolution

Die tiefe Provokation, die mit dem Nichtstun einherging, war den beiden Avantgardisten sicherlich bewusst. Ebenso wie Marcel Duchamp, der im Westen bis heute gerne als moderne Ikone des «nichts-tuenden» Künstlers verehrt wird.[21] Der Franzose hatte seine eigene Unproduktivität stets thematisiert und sich in vielen Gesprächen über das manische Bedürfnis seiner Künstlerkollegen gewundert, ein Œuvre produzieren zu müssen.[22] «Ich gestehe dem Künstler die soziale Rolle, der zufolge er sich zum

19 Kasimir Malewitsch: Die Faulheit als tatsächliche Wahrheit der Menschheit (1921), übersetzt von Elena Nowak und Sylvia Sasse (https://www.anarchismus.at/arbeit/kritik-der-lohnabeit/7029-kasimir-malewitsch-die-faulheit-als-tatsaechliche-wahrheit-der-menschheit).

20 Ebd.

21 Zum Nichtstun in der Kunst des 20. Jahrhunderts siehe Albert Coers/Alexander Steig/Courtenay Smith (Hg.): Arbeit an der Pause, München 2018. Ferner Corinne Michaela Flick (Hg.): Tun oder Nichttun – Zwei Formen des Handelns, Göttingen 2015, und Barbara Gronau/Alice Lagaay (Hg.): Performanzen des Nichttuns, Wien 2008.

22 Zum Nichtstun bei Duchamp und in der Kunst des 20. Jahrhunderts siehe etwa Lars Blunck: Schöpferisches Nichtstun: Faulenzen, Unterlassen und Aussteigen als künstlerische Praktiken, in: Coers/Steig/Smith (Hg.): Arbeit an der Pause, S. 43–67.

Schaffen verpflichtet fühlt und dem Publikum etwas zu schulden glaubt, einfach nicht zu.»[23] Auch wenn seine *Ready-mades* heute in den Schatzkammern der Museen für moderne Kunst liegen und auf Auktionen horrende Preise erzielen: Duchamp war ein scharfer, weitsichtiger Kritiker des kapitalistischen Kunstmarktes und seiner perversen Auswüchse,[24] die die Kunst zur Ware und die Künstler zu manipulierbaren Produktionsmaschinen werden ließen. In seiner Philadelphia-Lecture *Where do we go from here?* verlieh er 1961 der Überzeugung Ausdruck, dass die Kunst einer «asketischen Revolution» bedürfe: «Reduktion» statt Überproduktion. Das Nichtstun versteht Duchamp in diesem Zusammenhang sowohl als Vademecum zu den allgegenwärtigen theoretischen «Ismen» als auch zur um sich greifenden künstlerischen Mittelmäßigkeit. Die «wahre» Kunst, so Duchamp, werde in Zukunft von «einigen Initiierten an den Randbereichen einer von ökonomischen Feuerwerken geblendeten Welt» entwickelt. In letzter Instanz fordert Duchamp den radikalen Rückzug: «Der große Künstler von morgen wird in den Underground gehen.»[25]

Marcel Duchamp überließ das Manuskript seiner Vorlesung dem tschechischen Kunsttheoretiker Jindřich Chalupecký, der es 1975 in dem Marcel Duchamp gewidmeten Sonderheft der Zeitschrift *Studio International* publizieren sollte *(Abb. 2)*. In der ČSSR fiel Duchamps reichlich unorthodoxe Paarung von Askese und Untergrund gerade in der inoffiziellen Kunst- und Kulturszene der frühen 1970er Jahre auf fruchtbaren Boden.[26]

Nach der brutalen Niederschlagung des Prager Frühlings durch die Truppen des Warschauer Paktes am 21. August 1968 ging es der sowjetischen Besatzungsmacht und dem neu installierten Regime unter Gustav Husak darum, den vor den Reformprozessen herrschenden politischen Status quo wiederherzustellen. Viele Intellektuelle und Kulturschaffende, die sich in den sechziger Jahren intensiv als Reformer für einen «Sozialismus mit menschlichem Antlitz» eingesetzt hatten, wurden bewusst aus öffentlichen Ämtern und dem politischen Leben gedrängt. Der Rückzug in den Untergrund war vielfach den äußeren repressiven Umständen geschuldet und sollte hier nicht sentimental als freie Entscheidung verklärt werden. Vielmehr stellte er häufig die einzige Möglichkeit dar, um Kontakte mit Gleichgesinnten zu

23 So Marcel Duchamp in einem Interview mit Pierre Cabanne: Gespräche mit Marcel Duchamp, Köln 1972, S. 123.

24 Vgl. dazu Maurizio Lazzarato: Marcel Duchamp und die Verweigerung der Arbeit, Wien 2017.

25 Marcel Duchamp: Where do we go from here?, in: Studio International. Journal of Modern Art, Bd. 189, Nr. 973, Jan./Feb. 1975, S. 28.

26 Vgl. Jiři Ševčík: Utopien und Konflikte. Die tschechische Kunst 1938–1989, in: ders./ Peter Weibel (Hg.): Utopien & Konflikte. Dokumente und Manifeste zur tschechischen Kunst 1938–1989, Stuttgart 2007, S. 15–50, hier S. 43.

pflegen und weiterhin im Austausch mit internationalen Bewegungen und Entwicklungen zu bleiben.[27]

Die existentiellen und politischen Rahmenbedingungen des *going underground* wiesen auf der westlichen beziehungsweise auf der östlichen Seite des «Eisernen Vorhanges» nur wenige Gemeinsamkeiten auf. Im Gegensatz zu ihren Kollegen werden sich die Künstler im Westen – inklusive Duchamp – nämlich kaum die Frage gestellt haben müssen, ab wann etwa das Zurschaustellen des Nichtstuns den *safe space* des Ästhetischen überschreitet und als «sich vor der Arbeit drücken» zu einer politisch riskanten Handlung wird, die mit Sanktionen, Ausbürgerung, Verhaftung oder gar Lager geahndet werden kann. Senecas Aufforderung, «nicht in den Dienst eines jeden Staates» zu treten und den «Rückzug als politisch unausweichlich» zu betrachten,[28] wäre im Ostblock hingegen trotz der historischen Ungleichzeitigkeit auf viel Zustimmung gestoßen.

Dennoch eröffnete Duchamps Anknüpfung an die ideenhistorische Unterscheidung zwischen «exoterischer» und «esoterischer» Kunst und die damit einhergehende Vorstellung, dass sich die «eigentliche» Kunst der Zukunft nicht im Licht der Öffentlichkeit, sondern im Schatten des Untergrunds abspielen würde, in Zeiten der politischen und kulturellen Repression Spielräume und neue Korridore für die Kunst.[29] Doch von was für einem «Untergrund» sprechen wir überhaupt? Ebenso wie in allen anderen Ostblock-Staaten stellte der Untergrund in der ČSSR keinen monolithischen Block oder eine geschlossene Gesellschaft dar. Er war ein poröses Gebilde, das von einer Vielzahl von zum Teil durchaus widerstrebenden Idealen und Vorstellungen geprägt wurde und so wie jegliche andere Gesellschaftsstruktur zugleich stark umkämpft war. Im Anschluss an Duchamp trat etwa Chalupecký in seinem 1977 veröffentlichten Aufsatz «Kunst und Transzendenz» für eine radikale Form des künstlerischen Rückzugs ein und beharrte auf der Notwendigkeit der Apolizität im Bereich des «Schöpferischen» – weder der Weg der offiziellen «ersten Kultur», die sich der Partei andient, noch derjenige der inoffiziellen «zweiten Kultur» mit ihrem emanzipatorischen Impetus schien ihm der richtige zu sein.[30] Gerade die Tatsache, dass viele inoffizielle Künstler die Kunst politisierten,

27 Zur Invasion des Warschauer Pakts und den Folgen siehe etwa Ben Fowkes: Eastern Europe from 1945–1969. From Stalinism to Stagnation, London 2000; Günter Bischof/Stefan Karner/Peter Ruggenthaler (Hg.): The Prague Spring and the Warsaw Pact Invasion of Czechoslovakia in 1968, Lanham 2010. Zu den Transformationen im kulturellen Bereich siehe Ševčík: Utopien und Konflikte.

28 Seneca: De otio, S. 477.

29 Vgl. Leo Strauss: Persecution and the Art of Writing, Chicago 1952.

30 Jindřich Chalupecký: Kunst und Transzendenz, in: Ševčík/Weibel (Hg.): Utopien & Konflikte, S. 225–229.

Abb. 2
Going Underground: Marcel Duchamp («Nothing but an artist») auf dem Cover der Zeitschrift «Studio International». («Journal of Modern Art, Jan / Feb 1975»).

«indem sie sie zu einer non-konformen tagtäglichen Praxis machten, die mit dem Leben verschmilzt»,[31] war ihm ein Dorn im Auge. Vielmehr sollte sich die «echte Untergrundkunst», um rein und unbefleckt von der schmutzigen politischen Wirklichkeit zu bleiben, auf ihr transzendentes Potential besinnen.[32]

Wichtige Figuren der inoffiziellen Kulturszene wie Josef Hlavaček oder Václav Havel kritisierten diese geradezu mystische Glorifizierung des Rückzugs in den Untergrund hingegen schon sehr früh. Sie attestierten sowohl der westlichen Gesellschaft als auch der inoffiziellen Kunstszene in der ČSSR die Neigung, die «parallele Kultur», die «grauen Zonen», kurz, den «Underground» mit einem geradezu mythischen Nimbus zu versehen und Dissidenten zu modernen Heilsfiguren zu verklären. Statt sich dem verlockenden «Versprechen des Messianismus» hinzugeben, so Hlavaček, solle man sich endlich der Tatsache stellen, dass kulturelle Isolation, die einer Form von «Invalidität» gleichkomme, für die Kunst nicht notwendigerweise zu einer Tugend werde.[33] Auch

31 Vgl. Ševčík, Utopien und Konflikte, S. 47.

32 Chalupecký spricht davon, dass der Künstler bei der «Reinheit seiner Erfahrung» bleiben solle. Chalupecký: Kunst und Transzendenz, S. 226.

33 Josef Hlavaček: Netvořice '81, in: Ševčík/Weibel (Hg.): Utopien & Konflikte, S. 236–240, hier S. 236 f.

Havel als der Repräsentant der liberal-skeptischen Strömung ruft in seinem erstmals 1984 in der Exilzeitschrift *Listy* veröffentlichten Artikel «Sechs Notizen zur Kultur» dazu auf, das eigene Außenseitertum nicht märtyrerhaft vor sich herzutragen. Vielmehr gelte es, politisch klug und angemessen über die Möglichkeiten der Kultur, aber auch ihre Grenzen, nachzudenken.[34]

Lob der Kleinarbeit

Soziologisch reflektiert fragt der tschechische Dramaturg und spätere Präsident der Tschechischen Republik in den «Sechs Notizen», ob es die «Parallelkultur» diesseits einer paradoxerweise längst standardisierten «nonkonformen» Weltsicht als solche tatsächlich gibt und was die Begriffe «politisch» oder «unpolitisch» im Kontext der Kultur eigentlich zu bedeuten haben. Dabei seziert er die trinitarische Dreifaltigkeit von «offizieller», «nicht-offizieller» (das heißt dissidentischer) und «unpolitischer» Kunst (wir erinnern uns an Chalupecký) und legt die seltsamen Verwandtschaften offen, die gläubige Kommunisten mit unkritischen «Dissidenten» und Undergroundkünstlern bei allen ideologisch unterschiedlichen Vorzeichen miteinander verbanden.[35] Für Havel sind allzu offensichtliche Selbstzuschreibungen und plakative Aneignungen des vermeintlich Politischen oder Unpolitischen ihrem Wesen nach nicht «kritisch» aufgeklärt. Stattdessen fordert der Theaterautor Havel die Menschen in undramatischer Pose dazu auf, die Kraft kleiner und zunächst unsichtbarer Gesten zu erkennen, die das scheinbar Selbstverständliche und unbefragbar Gegebene (die Ideologie, die Politik, die Kunst usw.) irritieren. Vor dem Hintergrund seines 1978 erschienenen, sich schon im Titel vorsichtig vorantastenden Essays *Versuch, in der Wahrheit zu leben* wird Havels Skepsis gegenüber der Selbstbehauptung einer «politischen» Kunst noch greifbarer. In diesem Essay beleuchtet Havel unter anderem die Denkfigur des Dissidententums, die seiner Ansicht nach von Idealismen und westlichen Projektionen geprägt ist.[36] Havel setzt sich auch mit Tomáš Garrique Masaryks Mikroethik der «Kleinarbeit» *(drobná práce)* auseinander, die die Grundlage für eine politisch verantwortliche Teilhabe darstellt.[37] Der Dramaturg betont, dass unter «posttotalitären Bedingungen» die Kleinarbeit oft anonym und un-

34 Václav Havel: Sechs Notizen zur Kultur, übersetzt und eingeleitet von Hana Gründler, in: Zeitschrift für Kulturphilosophie, Bd. 18, 2024/1.

35 Havel: Sechs Notizen zur Kultur.

36 Václav Havel: Versuch, in der Wahrheit zu leben, Hamburg 2000, S. 48–50.

37 Ebd., S. 51.

sichtbar bleibe. Im Gegensatz zu pompösen Verlautbarungen und den großen ideologischen Gesten finde sie im Verborgenen statt.[38] Zu den Paradoxien des heroisierenden Bildes des Dissidenten gehört, dass er sich im Untergrund bewegt, aber eigentlich die politische Bühne braucht, auch wenn es nur die Schlagzeile im Westen ist. Aber auch der Gemüsehändler, der zum Ersten Mai die Banner mit politischen Parolen *nicht* ins Schaufenster hängt – also nicht handelt, «manche Dinge einfach *nicht tut*», wie Havel schreibt –, kann den Betriebsablauf mit solchen Mikrogesten stören, um die ideologischen Absurditäten offenbar werden zu lassen. «Wollen wir das Wort ‹Dissident› nicht snobistisch verstehen, dann müssen wir feststellen, daß man heute an jeder Ecke einen ‹Dissidenten› findet»,[39] so demokratisierte Havel das Dissidententum gegen falsche Exklusivitätsbehauptungen. Nicht zuletzt dank der «Maler, Musiker und Sänger, die ohne Rücksicht darauf schaffen, was die offiziellen Institutionen über ihr Schaffen denken; alle Menschen, die an dieser unabhängigen Kultur teilnehmen und sie weiter verbreiten (...)».[40] Indem sie das Gegebene ständig in Frage stellen, gestalten sie das «unabhängige Leben der Gesellschaft». Und dies ist für Havel der «Bereich, in dem sich das ‹Leben in Wahrheit› artikuliert und sichtbar materialisiert».[41]

Schlafen und Kreise ziehen

Die Materialisierung und Zurschaustellung des Nichtstuns war in einem sozialistischen Arbeiterstaat eine riskante und, im Sinne Havels, auch eine wohlverstandene, politische Geste. Petr Štembera ist ein Künstler, dessen radikale Zurschaustellung des Nichtstuns ebenso einzigartig war wie sein Interesse für asketische Praktiken.[42] Dabei schien es ihm weniger um eine «asketische Kunst» im Sinne Duchamps zu gehen. Sein genuines Interesse galt fernöstlichen Praktiken, wie etwa Zen-Meditation und Yoga –, *askesis* verstand er demzufolge in ihrem ursprünglichsten Sinne als eine geistige und körperliche Übung.[43] Gerade in der kynischen und stoischen *cura sui* waren diese Übungen mit einer konkreten existentiellen Praxis verknüpft, zu der auch das Nichtstun zählte,[44] das – folgen wir Diogenes oder Seneca – seinem Wesen nach widerständig ist.

38 Ebd., S. 55.

39 Ebd., S. 55 und S. 54.

40 Ebd., S. 57.

41 Ebd., S. 56.

42 Zu Petr Štembera siehe etwa Pavlína Morganová: Czech Action Art. Happenings, Actions, Events, Land Art, Body Art and Performance Art Behind the Iron Curtain, Prague 2014, insb. Kap. III: «An Experience of the Body».

43 Ebd., S. 163.

44 Vgl. Pierre Hadot: Philosophie als Lebensform. Geistige Übungen in der Antike, Berlin 1991.

Abb. 3
Übungen:
Petr Štembera,
«Schlafen im Baum»
(Spaní na stromě),
Aktion, 1975.

Štembera führte schon in den frühen siebziger Jahren eine Reihe äußerst anspruchsvoller Exerzitien durch, in denen er sich unter anderem Schlaf und Nahrungsaufnahme versagte.[45] Für *Schlafen im Baum* von 1975 war Štembera drei Tage lang wach geblieben,[46] um sich dann in einer nicht nur instabilen, sondern auch sehr exponierten Astgabel-Position dem Schlaf hinzugeben *(Abb. 3).* Das Nichtstun und der kräftezehrende Schlaf(-entzug) des Künstlers werden in dieser Aktion auf minimalistische und effektive Weise mit der langen Tradition kontemplierender und schlafender Künstler verknüpft. Zugleich hebt Štembera aber auch den Unterschied zwischen dem privaten, geschützten *oikos* und dem öffentlichen Raum der *polis* auf. Im Gegensatz zum schlafenden Michelangelo, der sich seinen Visionen vor einem Fenster oder einer Leinwand im Atelier hingibt, wird hier der grenzenlose Himmel selbst zum «Traumgrund», wobei der verletzliche und stets vom Absturz bedrohte Körper des Künstlers dem Kontrollblick der Öffentlichkeit und des Machtapparates schonungslos ausgesetzt ist.

45 Vgl. Ludvík Hlaváček: Vzpominka na akční umění 70. let, in: Výtvarné umění 15, 1991, S. 69–77.

46 Morganová: Czech Action Art, S. 165.

Abb. 4 und 5
Archimedes auf der Ackerkrume: Lumír Hladík, «Niemand wird meine Kreise stören! Noli turbare circulos meos!», Aktion, 1976.

Entrückt im Schlaf wie Michelangelo, versunken in der Kontemplation geometrischer Formen wie Archimedes? *Otium*, Faulheit oder Inaktivität als vollkommener Zustand? Das Nichtstun wird von den tschechischen Denkern und Untergrundkünstlern nuancenreich und tiefsinnig inszeniert und mit subversiver Verve praktiziert – lange bevor «Tunix» zum geflügelten Wort der «Unorganisierten» wird und Ende Januar 1978 selbst Michel Foucault an die TU auf die Insel Westberlin lockt. Ein Jahr nach Štembera führte der tschechische Künstler Lumír Hladík die Aktion *Niemand wird meine Kreise stören! Noli turbare circulos meos!* durch – in Anlehnung an Archimedes' berühmten letzten Satz *(Abb. 4 und 5)*.[47] Hladík zieht seine Kreise jedoch nicht auf dem häuslichen Fußboden, und hier droht auch keine römische Ordnungsmacht den Mathematiker zu stören, wie es uns Alberti von Archimedes in Syrakus erzählt, sondern Hladík zieht seine Kreise irgendwo auf einem kargen Feld in der ČSSR. Die wissenschaftlich-strenge Schau der geometrischen Formen wird in den 1970er Jahren zu einem peripatetischen Happening an den Rändern der Gesellschaft und des Sinns. Er «habe keine Ahnung, ob sich die Kreise jemals getroffen haben», so Hladík.[48] Auch der Titel wird variiert, ein Ausrufezeichen hinzugefügt. Vielleicht, weil es in einem repressiven Regime noch mehr gilt, den Raum fürs Kontemplieren, fürs Nichtstun zu verteidigen. Denn das Nichtstun befähigt uns, die Sinne zu schärfen, kritisch und widerständig zu sein, und das ist, wie schon Čapek wusste, etwas Vollkommenes *(dokonalého)*, Kostbares *(vzácného)* und Gefährliches zugleich.

47 Zu Lumír Hladík vgl. Pavlína Morganová: Czech Action Art, sowie Pavlína Morganová (Hg.): Lumír Hladík, Prag 2011.

48 Hladíks Beschreibungen seiner Aktion finden sich unter: https://www.artlist.cz/en/works/no-one-will-ever-disturb-my-circles-noli-turbare-circulos-meos-107345/.

Bildnachweis:
Abb. 1: © The Trustees of the British Museum. – Abb. 2: © Studio International. – Abb. 3: © Moravian Gallery in Brno. – Abb. 4 u. 5: © Courtesy of Lumír Hladík.

Karel Čapek

Lob des Nichtstuns

Ich möchte nicht irgendwo nach draußen gehen, denn gehen ist nicht mehr nichts tun; auch nicht lesen, auch nicht schlafen, denn weder dies noch jenes ist Nichtstun; auch nicht sich unterhalten oder sich ausruhen, denn das Nichtstun ist weder Sichausruhen noch Vergnügen. Das Nichtstun, das reine, vollkommene Nichtstun ist weder Kurzweiligkeit noch Langeweile. Das Nichtstun, das ist etwas Negatives; es ist die Abwesenheit von allem, was den Menschen beschäftigt, unterhält, ablenkt, interessiert, beansprucht, quält, freut, was er schätzt, was ihn herausfordert, vergnügt, langweilt, verzaubert, nervt, vereinnahmt oder verunreinigt. Es ist nichts, Verneinung, Zwecklosigkeit, Ziellosigkeit, ich weiß nicht, wie ich es noch sagen soll; kurz, etwas Vollkommenes und Wertvolles.

Vor allem: das Nichtstun ist keine Zeitverschwendung. Ich würde Zeit verschwenden, wenn ich zum Beispiel mit einem Sieb Wasser schöpfen würde. Aber wenn ich nichts tue, dann tue ich das eben gerade nicht, ich tue nichts Unnötiges, zumal ich gar nichts tue.

Zweitens ist das Nichtstun nicht die Mutter der Sünde: es kann gar keine Mutter sein, gänzlich unfruchtbar seiend. Es sehnt sich nach nichts; Nichtstun, das sich sehnt, tut nicht mehr nichts, es tut etwas, es ist bereits auf etwas ausgerichtet.

Drittens, Nichtstun ist keine Faulheit. Faulenzen ist unterlassen, etwas zu tun, was der Mensch tun sollte, und es sich stattdessen gut gehen zu lassen. Nichtstun ist, gar nichts zu tun und dabei gar nichts zu wollen.

Nichtstun ist auch nicht sich ausruhen. Wer sich ausruht, tut etwas Nützliches; er bereitet die nächste Arbeit vor. Das Nichtstun ist ohne Beziehung zu jeglicher vergangenen oder zukünftigen Arbeit; es hat keinerlei Folgen und wartet auf nichts.

Nichtstun ist auch nicht, die Ruhe zu genießen. Sich an der Sonne zu wärmen, müde mit den Augen zu klimpern, wie eine Katze zu schnurren, all dies sind Tätigkeiten, die möglicherweise sehr sinnvoll sein können, oder zumindest angenehm sind; und das Angenehme an und für sich ist schon so etwas wie ein Zweck.

Ruhe, das ist ein langsam und stetig fließender Strom, der leise plätschert und sich wiegt; sich ausruhen, das ist eine dunkle und friedfertige Tiefe, auf der die Maische und der Schaum heftiger

Augenblicke abfließt; Faulenzen, das ist eine Bucht, bedeckt mit grünen Algen, Schleim und Froscheiern; aber das Nichtstun ist das Stetige. Es besitzt weder Rhythmus noch Klang; es (be)steht, es fährt nicht fort. Es gibt dem Unkraut kein Leben, auch nicht den Algen, und auch nicht den Mücken. Totes und durchsichtiges Wasser. Denn es steht, es erwärmt sich nicht. Es steht und bewächst sich nicht. Es hat weder ein Ziel noch einen Inhalt noch Geschmack.

Heute möchte ich nichts tun; nein, ich will nichts wollen. Ich möchte – ja was denn eigentlich? Nichts; denn genau das ist das Nichtstun. Wie ein Stein sein, aber ohne Schwere. Wie Wasser sein, aber ohne Spiegelung. Wie eine Wolke, aber ohne Bewegung. Wie ein Tier sein, aber ohne Hunger. Wie ein Mensch sein, aber ohne Gedanken. Das weiße Papier anschauen, leer und glatt; nicht schreiben und schauen, wie es sich (aus eigener Initiative) mit schwarzen Buchstaben, Wörtern, Sätzen, Zeilen von oben nach unten bedeckt: das erste Blatt, das zweite und das dritte; und dann, es nicht lesen zu müssen, es mit dieser riesigen Selbstverständlichkeit des wahren, tiefen Nichtstuns gar nicht lesen, und die Augen auf die erste Frühlingsfliege zu richten, die auf dem Fenster herumspaziert, sie anschauen und sie nicht sehen; und dann – nun, bedarf denn das Nichtstun irgendeines Programmes? Denn es lässt sich immer etwas zum Nichtmachen finden, zum Nichtsehen und zum Nichtbeobachten.

Und wenn der Mensch zu Ende genichtet hat, steht er auf und kehrt zurück, wie aus einer anderen Welt. Alles ist etwas fremd und entfernt, unangenehm und angespannt; und dem Menschen ist so … so seltsam, dass … kurz, er muss sich nach dem Nichtstun ausruhen; der Ausruhende muss dann eine Weile Maulaffen feilhalten, dann muss er sich noch ein bisschen auf die faule Haut legen, danach sich einer gewissen Ruhe hingeben, und erst danach ist er fähig, alle seine Kräfte zu sammeln und anzufangen, etwas vollkommen Unnötiges zu tun.

Aus dem Tschechischen von Hana Gründler
Der Text ist zuerst am 27. März 1923 in der Zeitung *Lidové noviny* erschienen.

Jörg Scheller

Die neuen Graswurzelavantgarden

Bukarest 1977

Die Kamera blickt von schräg oben auf zwei nackte, boxende Männer. Das flackernde Bild eines 8-mm-Films zeigt sie in einem kleinen Zimmer, wie sie sich umkreisen, wie sie ihre Fäuste schwingen, wie sie sich wegducken, wie ihre Körper einander durchdringen. Wer boxt gegen wen? Nicht zwei, sondern ein Mann kämpft hier, gegen sich selbst. Der rumänische Künstler Ion Grigorescu nutzte die Technik der Doppelbelichtung, um im Schatten der Ceauşescu-Diktatur in seiner Privatwohnung jene Experimente durchzuführen, die im öffentlichen Raum verboten waren. «Boxing» ist ein exemplarisches Dokument der Untergrundkunst aus der kommunistischen Ära Mittelosteuropas, als das Private in einem sehr viel unmittelbareren Sinn politisch war als in den immer wiederkehrenden Phrasen und Slogans der westlichen Demokratien der Nachkriegszeit. «Boxing» ist auch ein Werk, das die mit einem totalitären Staat auf der Seite der Kunst einhergehende Abkapselung und Isolation zur Sprache bringt. Das Thema der Vereinzelung steht im Zentrum der künstlerischen Arbeiten von Grigorescu. Dabei waren es im «Eastern Underground» nicht die Künstler selbst, die entschieden, ob ihre Kunst dem «Untergrund» zugehörig war oder nicht. In einem totalitären Staat wurde jede Kunst, die auf «Individualität» oder «Eigensinn» beharrte, dem «Untergrund» zugerechnet, ob sie wollte oder nicht – auch wenn die Künstlerin oder der Künstler ansonsten ein geregeltes, normales Alltagsleben führte.

Poznań 2018

Inmitten vorbeiziehender Menschenmassen steht eine junge Frau auf der Straße, regungslos, mit einem starren Lächeln. Die Frau schaut in die Kamera, die Kamera fixiert die Frau. So vergehen die Minuten. Um ihr enges Kleid trägt die Frau eine Schärpe, wie man sie von den Teilnehmerinnen bei Miss-Wettbewerben kennt. Die Künstlerin Jana Shostak mit belarussischen und polnischen Wurzeln nimmt tatsächlich an Miss-Wettbewerben teil und nutzt diese als Bühne, um für gesellschaftspolitische Anliegen zu werben. Auf der Pride Parade in Poznań, wo das Video «Miss Pi:S» 2018 aufgezeichnet wurde, stellt sie zwar ein klassisches heteronormatives Schönheitsideal zur Schau, wie es wohl

Abb. 1
Beauty unterm Regenbogen: Jana Shostak, Miss Pi:S, Aktion auf der Pride Parade Poznaň, 2018.

auch viele Vertreter der damaligen nationalkonservativen Regierungspartei Prawo i Sprawiedliwość (PiS, «Recht und Gerechtigkeit») geteilt haben. Doch sie stellt dieses schöne Ideal demonstrativ solidarisch unter den Regenbogen einer queeren Parade, die den rechten Kulturkämpfern der PiS ein Dorn im Auge ist *(Abb. 1)*. Ihre regungslose Teilnahmslosigkeit inmitten des Schwarms scheint Haltung und Standfestigkeit auszudrücken: Wir bleiben an der Öffentlichkeit. Wir lassen uns aus der Stadt nicht vertreiben. Wir verkriechen uns nicht in den Untergrund. Shostaks Performance auf der Pride Parade ist ein hintersinniges Spiel über Schönheit, weibliche Rollen und identitäre Zurichtungen. Der Kulturkampf der «PiS» (mit kurzem «i») mit ihrem Akronym für Ordnung (Recht) und Soziales (Gerechtigkeit) bekommt in der Mitte vor dem Doppelpunkt einen Dehnvokal (Pi:S mit langem «i») und verwandelt sich so in die «Mutter» emanzipatorischer Bewegungen: *Peace.*

Friedensförderung im postsowjetischen Raum

Die beiden Eingangsszenen bilden einen Bogen, in dessen Spannungsfeld die Entwicklungen einer neuen, sozial engagierten Kunst in Mitteleuropa sichtbar werden. Eine Kunst des Untergrundes im starken Sinne kann es nur dort geben, wo die offizielle Kultur so hegemonial, die Zensur und Überwachung so rigide ist, wie es im Ostblock unter den Diktaturen Josef Stalins,

Nicolae Ceaușescus oder Wojciech Jaruzelskis, aber auch unter ihren Nachfolgern fraglos noch gegeben war. Hätte Shostak ihre Performances in Polen vor fünfzig Jahren aufgeführt, wäre sie automatisch eine «Untergrundkünstlerin» gewesen. In Belarus wäre sie es heute noch, und wahrscheinlich würde ihr die Verhaftung drohen, wenn sie eine ihrer jüngsten, die üblichen Schweigeminuten für die Opfer des Lukaschenko-Regimes konterkarierende Performance «Schrei für Belarus» (2021) an einem öffentlichen Ort aufführen würde. Der Ruf nach Frieden einer «Miss Pi:S» würde als Angriff auf einen autoritär von oben gewährten sozialen Frieden verstanden werden. Im heutigen EU-Staat Polen mit seiner mutigen Tradition zivilen Ungehorsams war Shostak dagegen auch zu Zeiten der PiS-Regierung (2015–2023) eine medial omnipräsente Kunstaktivistin – eine prominente «Artivistin». Was die Performance-Künstlerin als ihre subversive Strategie beschreibt – «Positive Hacking» –, spielt sich hier im politischen Raum ab und ist formal nicht verboten, auch wenn es die politisch herrschende Klasse provoziert. Wo aber die heroische Geste des Untergrundes entdramatisiert wird, entstehen zwangsläufig neue, subtile künstlerische Ausdrucksformen, die die revolutionäre Geste der Avantgarde nun selbst kritisch politisch befragen. Durch prinzipiell öffentliche, aber nicht zwingend von der breiten Gesellschaft wahrgenommene «Graswurzelarbeit» führen diese Avantgarden graduelle Veränderungen herbei. Dies schließt natürlich nicht aus, dass im Untergrund früherer Zeiten die kleinen Regelabweichungen keinen Platz gehabt haben. Dafür ließen sich Beispiele aus dem Moskauer Konzeptualismus oder auch aus dem Widerstandsrepertoire der polnischen Solidarność-Bewegung anführen. Umgekehrt muss nicht jede engagierte Kunst in liberalen Gesellschaften gleich als «postheroisch» herabgestuft werden, nur weil sie in der Rezeption auf ein müdes Lächeln stößt oder gar mit staatlicher Förderung indirekt alimentiert wurde.

Die kritischen, eigensinnigen, die Verhältnisse hinterfragenden Energien, die Kunstschaffende zur Zeit der Sowjetunion automatisch – und sei es nur situativ – zu «Untergründlern» und «Dissidenten» machte, sind in den postsowjetischen Staaten nicht versiegt. Das transformatorische Potenzial der einstigen avantgardistischen Untergrundkünste findet sich in Kunstprojekten wie denen von Shostak wieder, die sich unter «implizite Friedensförderung» subsumieren lassen. Im Krebsgang zwischen Kunst und Populärkultur streben sie Beiträge zu einer Gesellschaft an, die nicht friedlicher im Sinne von konfliktfrei ist, sondern in der Konflikte in der Öffentlichkeit auf gewaltfreie Weise wenn nicht gelöst, so doch konstruktiv bearbeitet werden können.[1] Frieden wird dabei nicht als utopischer Zustand absoluter Harmonie verstanden, sondern als Ordnung, «die auf Prozessen und Erreichungsgraden beruht und davon absieht, die Verwirklichung des Unerreichbaren als Ziel zu setzen».[2] Am Beispiel weiterer künstlerischer Initiativen aus Polen und der Republik Moldau möchte ich im Folgenden diese politische Kunst der neuen Graswurzelavantgarden skizzieren. Der Begriff «Graswurzel» verweist einerseits auf Eigeninitiative und Selbstorganisation im Sinne des anarchistisch inspirierten Bottom-Up-Prinzips, andererseits auf den graduellen und langsamen Modus der Veränderung. Setzte die alte Avantgarde auf den schockartigen, revolutionären Bruch,[3] so lässt sich avantgardistischer Protest und Widerstand heute mit dem Philosophen Michael Marder und seinen Theorien zur *Occupy*-Bewegung auch mit organischem Wachstum verbinden: «Resist like a plant».[4] Der utopische Horizont wird davon nicht berührt. In seiner Pflanzentheorie bleibt Marder einer marxistischen Entfremdungstheorie verpflichtet, auch wenn er mit Kritik an einer sich in starken Gesten und Gebärden absorbierenden, zeitgenössischen linken Bewegung nicht spart.[5] Bei allem Bruch mit der heroischen Sprache der Avantgarde beschreibt Marder die «unentfremdete» Lebenswelt und die Sehnsucht nach der Überwindung des Kapitalismus selbst ein wenig pathetisch-blumig als die «Rückkehr unseres Geistes, unserer Vorstellungskraft und unserer Sinne zur Erde, der Atmosphäre und der astronomischen Sonne».[6]

«Oberliht» in Chișinău, Republik Moldau

Die Kultur wird gerne als ein «Nährboden» für die demokratische Öffentlichkeit beschworen. Aber umgekehrt brauchen Kultur und Kunst gerade in politischen Transformationsgesellschaften auch ohne allen Pathos einen handfesten Untergrund – einen

1 Da die meisten Involvierten sich nicht als «Friedensförderer» bezeichnen, bietet sich der Begriff «implizite Friedensförderung» im Sinne des von Johan Galtung geprägten «positiven Friedens» an. Vgl. Henry F. Carey/Onur Sen: Introduction. Bridging the Conceptual and Theoretical Divides on Peace and Peacebuilding, in: Henry F. Carey (Hg.): Peacebuilding Paradigms. The Impact of Theoretical Diversity on Implementing Sustainable Peace, Cambridge 2021, S. 1–28, hier S. 2 f.

2 Richard A. Falk: A Pluralist Cosmopolitanism for the Twenty-First Century, in: Carey (Hg.): Peacebuilding Paradigms, S. 147–159, hier S. 148.

3 Siehe Peter Bürger: Theorie der Avantgarde, Frankfurt/Main 1974. Vgl. auch Gerald Raunig: Kunst und Revolution. Künstlerischer Aktivismus im langen 20. Jahrhundert, Wien (u. a.) 2017, S. 85.

4 Michael Marder: Resist Like a Plant, in: Peace Studies Journal, Vol. 5, Issue 1, Januar 2012.

5 Ders.: Pyropolitics in the World Ablaze, London/New York 2020, S. 170.

6 Ebd.

Boden, in dem sie wurzeln können. Als sich 2000 in Chișinău, der Hauptstadt der Republik Moldau, die Künstlergruppe «Oberliht» formierte, war ein mobilisierender Grundgedanke, dass dieser fruchtbare Boden fehlte. Zwar war es nach dem Ende der Sowjetunion möglich, ohne Sanktionierungen einigermaßen frei und offen experimentelle Kunst zu produzieren, doch es gab weder ein Publikum, Förderinstitutionen, einen Markt noch überhaupt so etwas wie eine «Öffentlichkeit». Unter «Öffentlichkeit» wird hier im Sinne von Jürgen Habermas die Sphäre verstanden, in der die Mitglieder einer Gesellschaft sich offen und kontrovers, ohne Zensur, darüber verständigen, wie ebendiese Gesellschaft beschaffen sein soll. Für die europäische Kunst erfüllten die in Paris abgehaltenen Salonausstellungen vom 17. bis zum frühen 20. Jahrhundert diese Rolle bis zu einem gewissen Grad, indem sie vormals exklusive Kunsträume des Adels für ein größeres Publikum öffneten. Eine freie Kunstkritik konnte sich etablieren, und die neue Kunst war Gegenstand erhitzter öffentlicher Debatten. Um solche diskursiven Arenen und Sphären für die eigene Jetztzeit zu schaffen, wurden aus den Künstlerinnen und Künstlern von «Oberliht» politische «Artivisten». Im alternativen Kulturzentrum Muzeul Zemstvei schufen sie Ausstellungsräume und kreierten eigene Bildungsangebote, doch das eigentliche Augenmerk galt dem öffentlichen Raum. «Oberlihts» Losung «parallel zum Staat, nicht gegen den Staat»[7] knüpft begrifflich an die Vorstellung vom Untergrund als einer «parallelen Polis» (Václav Benda) an, ohne aber etwa in «Küchengesprächen» das ganz «Andere» zu beschwören. Die Ignoranz der «offiziellen» Republik Moldau gegenüber zeitgenössischer Kultur kam dieser neoavantgardistischen NGO aus Moldawien durchaus gelegen, bedeutete fehlende Förderung doch auch relative Freiheit und Unabhängigkeit. Mit Stadtführungen zum Thema «Korruption», Projekten in kulturell vernachlässigten Stadtvierteln oder der Teilnahme an Aktionen wie «Occupy Guguță» (seit 2017), die sich gegen den Abriss eines Cafés im Stadtpark richtete, versteht sich «Oberliht» als Laboratorium für eine im Wachsen begriffene Zivilgesellschaft *(Abb. 2)*. Es galt bei allen Wetterwenden, nach 1991 nicht vom Regen des totalen Staates in die Traufe totaler Privatisierung zu stolpern.

7 Zit. nach: Jörg Scheller/Rada Leu: «Nicht gegen den Staat, sondern parallel zum Staat» – in der moldauischen Hauptstadt Chisinau wollen Kulturschaffende die Gesellschaft umkrempeln, in: Neue Zürcher Zeitung vom 3. Juni 2023.

Vitalie Sprinceana, ein früherer Aktivist der Gruppe, beschrieb entlang der Aktion «Occupy Guguță» die eigene Arbeit als «ein Labor, in dem wir Demokratie lernen, mit kreativem Protest experimentieren, trainieren, beharrlich behaupten, wofür wir stehen, mit anderen zu sprechen, die nicht so denken wie wir, zuzuhören, zu kooperieren und auch friedlich zu handeln, wenn unsere Forderungen nicht erfüllt werden».[8] Prägend für die Graswurzelarbeit «Oberlihts» sind dezentrale, unhierarchische und partizipatorische Ideen, ebenso Praktiken der anarchistischen Tradition, aber auch aus der Populärkultur fließen Inspirationen in die Arbeit ein. Denn für Breitenwirkung braucht es eben populäre Ästhetiken und Medien, weshalb «Oberliht» nicht nur die sozialen Netzwerke bespielt, sondern auch Popkonzerte oder Partys veranstaltet.

Signifikant für den hybriden Ansatz «Oberlihts» ist die Etablierung des öffentlichen Kulturraums FLAT SPACE 2009 im Stadtzentrum Chișinăus. Der vom Künstler-Kurator Ștefan Rusu in Zusammenarbeit mit «Oberliht» kreierte Veranstaltungsort besteht aus dem fragmentarischen Nachbau einer Normwohnung

Abb. 2
«Say Yes»: Eine Alternative zur proklamierten Alternativlosigkeit der alten Avantgarde ist auch schon etwas. Die neuen Graswurzelavantgarden üben sich in Bescheidenheit. Der Rahmen zur «impliziten Friedensförderung» einer im Wachsen begriffenen Zivilgesellschaft steht jedenfalls: Jarek Sedlak, Power to Flowers, Happening und Installation in Kooperation mit Oberliht, Chișinău, 2011.

aus der Zeit der Moldauischen Sozialistischen Sowjetrepublik, also einem jener Orte, an dem im alten Untergrund womöglich die revolutionären Küchengespräche der Nonkonformisten und Dissidenten stattgefunden hätten. Als antitotalitär codiertes Element verbindet das Fragmentarische des FLAT SPACE gleichsam als Benjamin'scher «Passagenraum» das Private mit dem Öffentlichen, das Politische mit dem Künstlerischen, die Vergangenheit mit der Gegenwart. «Flat» kann dabei sowohl «Wohnung» als auch «flach» in der Bedeutung von «horizontal» meinen; weisen die Wurzeln der Graswurzelrevolution auch vertikal nach unten, so breitet sie sich doch langsam in der Fläche aus – wenn erst einmal die Saat der Zivilgesellschaft aufgegangen ist und der Acker der gesellschaftspolitischen Veränderung erfolgreich bestellt ist. Die ersten zarten Blüten sind dabei schon im Stadtraum Chișinăus sichtbar. Dass etwa im Muzeul Zemstvei heute ein «Queer Café» seinen Platz gefunden hat – nicht klandestin im Untergrund, sondern öffentlich –, wäre in den 1990er Jahren undenkbar gewesen.

Kurówko, Polen

Während «Oberliht» von Chișinău aus anarchische Graswurzelideen im sozialreformerischen Geist aufnimmt, lassen sich sowohl im städtischen wie auch im ländlichen Raum Polens gegenwärtig Versuche beobachten, an alte Konzepte der «organischen Arbeit» («praca organiczna») anzuknüpfen. Im 19. Jahrhundert setzte ein Teil der polnischen Widerstandsbewegung gegen die Teilungsmächte Preußen, Österreich und Russland auf die «organische Arbeit» als postrevolutionär-positivistische Strategie.[9] Nicht der unmittelbare, sondern der «nachhaltige» Erfolg war hier schon politisches Programm. Während die rebellischen Aktionisten und militanten Widerständler sich im 19. Jahrhundert im Untergrund organisierten, war «organische Arbeit» weniger offensichtlich als politische Handlung erkennbar und konnte sich somit bis zu einem gewissen Grad in der Öffentlichkeit entfalten. In dieser Traditionslinie sind auch die künstlerisch-politischen Initiativen des Stadtaktivisten, Architekten und heutigen Politikers Franciszek Sterczewski und des Künstlers Daniel Rycharski zu verstehen.

8 Zit. nach: European Cultural Foundation, Interview mit Vitalie Sprinceana, 31.8.2018, online unter: https://culturalfoundation.squarespace.com/library/occupy-guguta.

9 Da sich revolutionäre Veränderungen als undurchführbar erwiesen hatten, sollte die graduelle und gewaltlose Verbesserung der polnischen Bevölkerung den Weg für die Wiederherstellung der polnischen Nation ebnen. Vgl. Norman Davies: Heart of Europe. The Past in Poland's Present, Oxford/New York 2001, S. 148–151.

Bevor Sterczewski 2019 in den Sejm (eine der beiden Parlamentskammern) gewählt wurde, initiierte er in Poznań diverse Aktionen, um zum einen der Polarisierung der polnischen Gesellschaft entgegenzuwirken und zum anderen gegen die konservative Justizreform der damaligen PiS-Regierung zu protestieren. Es waren Interventionen mit *Happening*-Charakter auf öffentlichen Plätzen, wie das «Picknick auf dem Freiheitsplatz» (2012), oder Einladungen zu allen Menschen offenstehenden Versammlungen, bei denen jeder über ein Mikrofon wie in einem frei zugänglichen Parlament seine Meinung äußern konnte, solange die Rede nicht in Beleidigungen und Beschimpfungen entgleiste. Manches an diesem zivilen Trainee-Programm für eine liberale Öffentlichkeit erinnert an die «soziale Plastik» der Fluxus-Bewegung Beuys'scher Prägung, anderes an Oskar Hansens für die kritische zeitgenössische Kunst Polens einflussreiches Konzept der «offenen Form».[10] Sterczewski bezieht sich aber direkt auf die polnische Tradition «organischer Arbeit» und ist überzeugt, dass sie auf lange Sicht mehr bewirkt als der Glaube an die Revolution.[11] Wie die «Artivisten» von «Oberliht» versuchte auch er, mit künstlerischen und popkulturellen Strategien auf eine plurale Öffentlichkeit hinzuarbeiten, die Konflikte zulässt und Streit und Widerspruch auf nachvollziehbare Weise löst, bevor sie eine größere soziale Sprengkraft entfalten oder Unfrieden stiften. Ob Diskurs und Deliberation die Gesellschaft allein zu befrieden vermögen, ist dabei eine andere Frage.

Während Sterczewski die diskursiven Arenen der Stadt als Orte der Zivilgesellschaft im Blick hat, ist das Dorf die Aktionsbühne des Künstlers Daniel Rycharski. «Graswurzelavantgarde» bekommt hier zwischen Äckern, Wiesen und Feldern im ländlichen Raum eine ganz buchstäbliche Bedeutung. Rycharski ist nach dem Kunststudium als offen Homosexueller und säkularer Christ in seine Heimatregion der Woiwodschaft Masowien zurückgekehrt. Im Dorf Kurówko und der Kleinstadt Sierpc lebt und arbeitet er inmitten jener konservativen Katholiken, die die Stammwählerschaft der PiS bilden. Doch anstatt sich in den liberaleren Raum einer Großstadt mit ihren organisierten LBGBTI+-Communitys zurückzuziehen, will Rycharski gerade in seiner bäuerlichen Herkunftswelt einen Wandel in Gang setzen und mit den

10 Axel Wieder/Florian Zeyfang (Hg.): Open Form. Space, Interaction, and the Tradition of Oskar Hansen, Berlin 2014.

11 Franciszek Sterczewski: Wypowiedzi na posiedzeniach Sejmu. Posiedzenie nr 38 w dniu 30-09-2021 (2. dzień obrad), online unter: https://www.sejm.gov.pl/sejm9.nsf/wypowiedz.xsp?posiedzenie=38&dzien=2&wyp=117&view=5.

Abb. 3
«Was die Stadt kann, kann das Dorf schon lange». Schattenkunst eines ländlichen Artivisten auf landwirtschaftlichem Gebäude: Daniel Rycharski, Wiejski Street Art, seit 2009.

ihm seit seiner Kindheit vertrauten Menschen zusammenarbeiten. Auch hier heißt, wie bei Shostak, die Parole: Wir igeln uns nicht in die subkulturelle Szene ein. Mit einem Mahnmal für die Nöte der Bauern (2015), Street Art für die Landbevölkerung (2008–2014) oder surrealistischen Installationen aus landwirtschaftlichen Geräten (2013) setzt Rycharski auf Kooperation und Partizipation im Sinne der relationalen Künste *(Abb. 3)*. Eine seiner aufsehenerregendsten Aktionen bestand darin, polnische Homosexuelle aus der Großstadt ins Dorf einzuladen, um eine Weile auf Bauernhöfen mit der dortigen Bevölkerung, abseits der massenmedial geschürten Vorurteile und Kulturkämpfe, Hand in Hand zusammenzuarbeiten («The Family Care Project», 2020).

Einerseits nennt sich Rycharski selbst einen «Avantgardekünstler»,[12] andererseits tritt er für jene langsamen Veränderungen ein, die mit dem disruptiven Bildraum der Avantgarde lange Zeit unvereinbar schienen: «Ich glaube an die Politik der kleinen Schritte und daran, einen langsamen Wandel herbeizuführen. Ich will keine Gewalt.»[13] Um Nichtakademiker und Menschen außerhalb der diskursiv hochgerüsteten *Contemporary Art Bubble* zu erreichen, setzt Rycharski in seinen Aktionen auf eine niederschwellige Kunst, die sich einer einfachen Sprache bedient. Er

12 Zit. nach: Anna Tatarska/Daniel Rycharski: Wieśniak, którego potrzebuje Polska, Poptown, 13.12.2022, online unter: https://poptown.eu/daniel-rycharski-wiesniak-ktorego-potrzebuje-polska/.

13 Zit. nach: Alexandra Markl, «Mit Kunst kämpfen. Der Pole Daniel Rycharski protestiert mit den Mitteln der Kunst, ohne je die Dialogfähigkeit zu verlieren», in: Tipping Point. Contemporary Voices. For Europe, 4.9.2021, online unter: https://tippingpoint.net/de/mit-kunst-kaempfen/.

verwendet oder verweist in seinen Projekten auf konkrete Alltagsgegenstände wie Storchennester, Kruzifixe oder Gewächshäuser und bindet sie in die Praxis ländlicher Lebenswelten ein: Die auf einem Acker von Kurówko platzierte, an hybride Medienkunst der 1960er Jahre erinnernde Installation «Multimediale Wildschwein- und Vogelabwehr» (2011) hatte auch einen handfesten, praktischen Nutzen. So stellt sich diese nah an der Lebenswelt gebaute Kunst dem Selbstwiderspruch vieler zeitgenössischer Kunstwerke: «offen» und «egalitär» im Selbstanspruch zu sein, aber mit ästhetischen und diskursiven Insidercodes schnell ins Hermetische und Elitäre zu entgleiten.

Im dialogischen, auf Kooperation abzielenden Gestus unterscheidet sich Rycharski von den Vertretern der polnischen Sztuka Krytyczna («Kritische Kunst»), etwa Artur Zmijewski oder Katarzyna Kozyra, die seit den 1990er Jahren mit Schockeffekten an die Avantgarden des frühen 20. Jahrhunderts anknüpfen und ebenfalls «progressive» gesellschaftspolitische Ziele verfolgen. Bei Rycharski besteht indes kein Widerspruch zwischen Medium und Botschaft. Wenn es in der polarisierten polnischen Bevölkerung sozialen Frieden geben soll, dann müssen auch die Mittel zur Erreichung desselben friedlich sein. Aus Sicht der Friedensforschung steht Rycharskis Ansatz damit in der Tradition des «Friedens mit friedlichen Mitteln» (Johan Galtung). Sein Schaffen erinnert an den postrevolutionären Positivismus «organischer Arbeit» und ruft zugleich Assoziationen an die gegenläufige anarchistische Tradition wach, die ihrerseits auf autarke Lebensformen, Landkommunen, Kulturtechniken der Selbstorganisation und den Primat «gegenseitiger Hilfe» (Peter Kropotkin) setzte. Die Kernbotschaft von Rycharskis künstlerischer Graswurzelarbeit auf dem Lande lässt sich mit einer Warnung des Anarchisten Gustav Landauer an Revolutionäre auf den Punkt bringen: «Aber die ungeheure Gefahr ist, dass Schlendrian und Nachahmung sich auch der Revolutionäre bemächtigt und sie zu Philistern des Radikalismus, des tönenden Wortes und der Gewaltgebärde machen; daß sie nicht wissen und nicht wissen wollen; die Umwandlung der Gesellschaft kann nur in Liebe, in Arbeit, im Stillen kommen.»[14]

14 Gustav Landauer: Aufruf zum Sozialismus, Berlin 1919, S. 11.

Bildnachweis:
Abb. 1: Courtesy Jana Shostak/ Jakub Jasiukiewicz. – Abb. 2: Courtesy Jörg Scheller. – Abb. 3: Courtesy the artist and Museum of Modern Art in Warsaw.

Jelena Petrović

Der flüchtige Körper der Blockfreiheit

Katalin Ladiks Performances in Jugoslawien

«Modernismus» plus «Sozialismus» gleich «emanzipatorische Politik» – auf diese schematische Gleichung ließe sich Wunsch und politischer Wille der im September 1961 in Belgrad gegründeten Bewegung der sogenannten blockfreien Staaten wohl kurz reduzieren. Die Bewegung entstand im Zuge der Entkolonialisierung nach dem Zweiten Weltkrieg. Das *Non-Aligned Movement* (NAM) wollte in der Block-Konfrontation zwischen West und Ost einen sogenannten «dritten Weg» einschlagen. Neben Titos Jugoslawien schlossen sich dieser blockfreien Bewegung auch Ägypten, Indien, Indonesien und Ghana an. Die Idee einer «Blockfreiheit» fand Ausdruck in allen Sphären von Politik und Gesellschaft, aber vor allem auch in der Kunst, die nach alternativen Wegen suchte zwischen der normierten sozialistischen Ästhetik und der westlichen Ausrichtung auf den Markt. Die jugoslawische Kunstpraxis der 1960er bis 1990er Jahre brachte somit eine neue Dimension in die sozialistische Herangehensweise an die Produktion und Ausstellung von Kunst. Als blockfreies Land, das zwischen West und Ost oszillierte, kannte Jugoslawien im Gegensatz zu anderen realsozialistischen Ländern Mittel- und Osteuropas keine per se «dissidentische» oder «inoffizielle» Kunst. Die Grenzen verliefen fluider. Ješa Denegri hat rückblickend in einem Aufsatz über die spezifische Situation der jugoslawischen Kunstszene zu Recht darauf hingewiesen, «dass das Fehlen einer solch drastischen, offenen Opposition in der jugoslawischen Kunstszene zu jener Zeit keine Rechtfertigung dafür ist, *Die andere Linie* mit politischer und kultureller Dissidenz zu identifizieren, wie sie in anderen Ländern des realsozialistischen Blocks bekannt war; ebenso wenig war *Die andere Linie* die andere Seite der binären Gleichung zwischen ‹offizieller› und ‹nicht-offizieller› Kunst. Für die meisten Künstler ging es einfach darum, eine Wahl zwischen verschiedenen kulturellen Modellen, historischen Präzedenzfällen, sprachlichen Begriffen und Ausdrucksmethoden zu treffen – was zu exklusiveren/extremeren Positionen führte, die im Vergleich zu den Positionen, die von den dominierenden Kräften der gemäßigten Moderne eingenommen wurden, als Positionen bezeichnet werden können, die von einer sehr radikalen und radikalen Moderne bis hin zu denen von Neo-Avantgarden und Vorboten einer Post-Avantgarde reichen – in dem Sinne, wie diese Formationen in der europäischen Kunst der 1950er und 1960er Jahre verstanden werden».[1]

In Jugoslawien stand die Idee des Untergrunds für eine direktere Herangehensweise sowohl an die Produktion als auch die Konzeption von Kunst. Denn tatsächlich erforschten die subversivsten künstlerischen Praktiken ideologische und technokulturelle Möglichkeiten, um dadurch die sozialistische Ästhetik ebenso wie die Rehabilitation der «bürgerlichen», «westlich» orientierten Kunst in Jugoslawien zu hinterfragen. Indem sie die vorherrschenden Paradigmen durchbrachen, vermittelten diese Kunstformen in erster Linie eine neo-avantgardistische, experimentelle und anti-institutionelle Weltsicht. Im diesem weitgefassten, «freien» Bereich wird Katalin Ladik zu einer bedeutenden Figur – als eine der progressivsten Künstlerinnen dieser Zeit hat sie bislang jedoch keine adäquate Beachtung gefunden.

New Art Practices

Zeitgleich mit der Formierung der NAM traten in Jugoslawien Künstlerinnen mit Aufsehen erregenden Performances in Aktion, die mit allem brachen, was bisher ästhetischer Standard war. Neben der heute berühmten Performance-Künstlerin Marina Abramović (geb. 1946) und Sanja Iveković (geb. 1949) zählt dazu eben auch die weniger bekannte Katalin Ladik (geb. 1942), die in den *New Art Practices* der jugoslawischen Szene eine einzigartige Position einnimmt.

Ladiks Performances setzten nicht nur virtuos die physische Unhintergehbarkeit des eigenen Körpers in Szene – samt aller Widerstände einer Außenwelt –, sondern öffneten mit einer poetischen Körpersprache eigene Räume für Projektionen, Alternativen und Utopien. Gerade in den Jahrzehnten des Wettrüstens und der Raumfahrt, der die beiden Blöcke mit den so unterschiedlichen ideologischen Vorzeichen unter dem Schirm eines geteilten Techno-Optimismus fest verband, waren Ladiks Aktionen *UFO-Party* (Uraufführung 1969) oder *Screaming Hole* (1979) künstlerische Störmanöver. Meist wurden diese Laut- und

1 Ješa Denegri: Inside or Outside ‹Socialist Modernism›? Radical Attitudes on the Yugoslav Art Scene, 1950–1970, in: Miško Šuvaković/Dubravka Đurić (Hg.): Impossible Histories: Historical Avant-Gardes, Neo-Avant-Gardes and Post-Avant-Gardes in Yugoslavia, 1918–1991, Cambridge (MA) 2003, S. 177.

Aktionsperformances, die Ladik zusammen mit Attila Csernik (geb. 1941) aufführte, unter widrigen Bedingungen konzipiert. Ihre ersten Aufführungen erlebten diese phonetischen Performances auf *Happenings* in Novi Sad, Budapest, Belgrad und Zagreb, aber auch in kleineren Städten wie Zrenjanin, Osijek oder Temerin wurden sie durchgeführt. Nachdem Ladik 1977 erstmals in Amsterdam aufgetreten war, fanden viele ihrer Performances immer häufiger auch im Westen statt, in Wien, Paris oder New York – wo die «Fluxus»-Bewegung seit den sechziger Jahren als neue gegenkulturelle Ausdrucksform experimenteller Kunst begann, den Marsch durch die institutionellen Sammlungen, die Museen und den Kunstmarkt anzutreten.

Transformationen

Eines der visuell markantesten Fotoprojekte von Katalin Ladik, aus deren Serie auch das Cover dieser Ausgabe über den *Eastern Underground* stammt, trägt den Titel *Poemim* (1978) *(Abb. 1)*. Die Künstlerin presst hierbei ihr Gesicht auf eine Glasplatte, bis es ganz glatt und verformt ist, und dokumentiert damit den unmittelbaren Zusammenprall von Materie und Physiognomie. Diese fortwährende, auch spielerische Verwandlung des Gesichts in dem Bestreben nach Unversehrtheit und «Ganzheit» kann als ein existentieller Grundimpuls vieler Arbeiten von Katalin Ladik gesehen werden, der sich in immer neuen «Enthüllungen» der Künstlerin ausdrückt. Ladik selbst beschrieb diese «Enthüllungen» als Masken – in Anklang an das Doppelspiel der *persona* in der römischen (Theater-)Welt. Für dieses Maskenspiel bediente sie sich seit den frühen 1980er Jahren auch einer Videokamera. Dazu hatte sie die Künstlerin Bogdanka Poznanović (1930–2013) inspiriert, die an der Akademie der Schönen Künste in Novi Sad als Professorin tätig war. Poznanović war es wohl auch, die Ladik ermunterte, ihre Performances als Videodokumentationen aufzuzeichnen.

Im Experimentieren mit dem neuen Medium führte Ladik auf den Treppenstufen der Akademie einige ihrer früheren Kunstaktionen erneut durch. Eine Dokumentation der alten Arbeiten war nicht intendiert, sondern eine Ausweitung des ursprünglichen *Poemim*-Fotoprojekts als eigenständige Video-Performance. Die-

Abb. 1
«Poemim», Fotoperformance, 1978, Fotos: Imre Póth.

Abb. 2
«Mandora I», Cogolin 1984, Foto: Jean-Luc Luyssen.

ses Motiv der Transformation durch serielle Wiederholung sollte sich zu einem grundlegenden Element von Ladiks autopoietischer Kunst entwickeln.

Androgyn

Neben dem Bestreben, geschlechtsspezifische Grenzen zu überwinden, wird für Ladik der androgyne Körper zu einer Schlüsselmetapher für Freiheit. In einer der ersten Ausgaben der ungarischen Neo-Avantgarde-Zeitschrift *Symposium* (*Új Symposion*, 1963) war Ladik mit dem Prosagedicht *Androgyn (Androgün)* ver-

treten. Mit diesem schloss sie sich der neo-avantgardistischen Szene und dem im Entstehen begriffenen literarischen Phänomen der «Anti-Poesie» an, die im schärfsten Kontrast zu dem in der sozialistischen Kunst lizensierten «Realismus» stand, der auch für die Kritik immer noch der ästhetisch verpflichtende Maßstab war. Der androgyne Zustand, der in Platons *Symposion*[2] als der ursprüngliche, vormythische beschrieben wird, manifestiert sich auch in Ladiks späteren Werken. In diesen erscheint die Androgynität häufig als ästhetisch-politische Antwort auf die gesellschaftliche Objektivierung des weiblichen Körpers und seine Kommerzialisierung durch eine Kultur der Massenmedien, in der die Künstlerin durch ihre (halb-)nackten Auftritte zu einer «Pop-Ikone» wurde.

In ihrem Gedichtzyklus *Androgyn* bezeichnete Katalin Ladik den geschlechtsindifferenten Zustand des Körpers als zum Universum gehörenden *homo galacticus*, wodurch die Anspielung auf Platons kosmischen Kugelmenschen noch verstärkt wird.[3] Die Künstlerin operierte mit diesen Gedichten in zwei Performances: *Mandora* (1980 in Belgrad uraufgeführt, später auch in Wien, Pa-

2 In Platons «Symposion» finden sich in Aristophanes' Rede (14.–16. Kapitel) mythologische Vorstellungen über einen androgynen Urkörper des Menschen, der von Zeus in zwei Teile gespalten wurde: in einen männlichen und einen weiblichen Körper, die seither auf der Suche nacheinander sind.

3 Katalin Ladik: A koromfekete csónakban, Homo galacticus (1980–85) cycle, in: Kiűzetés, Budapest 1988.

ris, Banja Luka und anderen Orten) und *Tesla* (2003 in Novi Sad uraufgeführt, danach auch in Monza, Budapest, Amsterdam usw.). Während sich das Ideal der «Androgynität» in der *Tesla*-Performance in Form eines zweiseitigen, aber geschlechtsneutralen Körpers zeigt, setzen die verschiedenen Varianten der *Mandora*-Performance die Androgynität in ein Spannungsverhältnis zu gesellschaftlichen Erwartungen an den weiblichen Körper und die Rolle der Mutterschaft *(Abb. 2)*.

Abb. 3 und 4
«UFO Party», Performance, Novi Sad 1970.

Körperlichkeit eines lebendigen Feminismus

Die gegenkulturellen Schlagwörter aus der westlichen Kunstszene sind für die jugoslawische Körperkunst der siebziger und achtziger Jahre schnell abrufbar: «Politik der Affekte», «Befreiung der Emotionen», «Revolutionen des Körpers». Dabei wird die konkrete historische Situation ausgeblendet, vor der sich diese riskante Körperaktionskunst abspielte. Es waren ja Kunstaktionen in einer sozialistischen Gesellschaft, die sich offiziell als «fort-

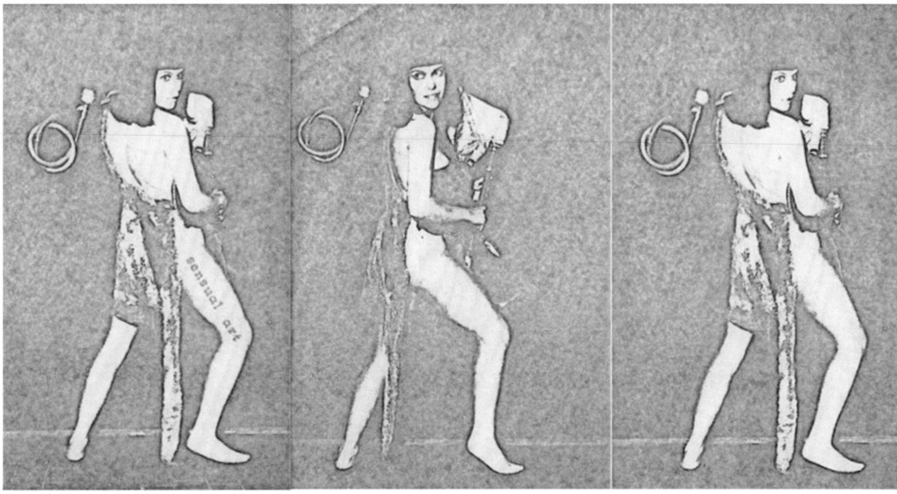

schriftlich» beschrieb und die Gleichstellung der Geschlechter formal auf die Agenda gehoben hatte. Vor dem Hintergrund dieser eigenen «emanzipatorischen» Weltanschauung der jugoslawischen Eliten musste die bloße Existenz einer neuen, politisch geprägten Kunst und jede Form von Feminismus nicht nur als ideologisch überflüssig angesehen, sondern zudem als Einbruch westlicher Dekadenz wahrgenommen werden.

Tatsächlich wird in Ladiks Performances der androgyne Körper des *homo galacticus* erschaffen, und zugleich werden die Möglichkeiten und auch Grenzen einer feministischen Körperpolitik ausgelotet. Schon in den späten 1960er Jahren war die Künstlerin in den Worten von Tamás Szentjóby «ein psychedelisch beeinflusstes weibliches Wunderwerk».[4] In den achtziger Jahren sollte Ladik dann in ihrer Performance mit dem kulturindustriellen Märchentitel *Alice* aufzeigen, dass dieser vermeintlich «psychedelische» Sinn für die Realität in Wirklichkeit die Projektion einer sexuell harmonisierten, androgynen sowie geographisch un-

4 Emese Kürti: Screaming Hole: Poetry, Sound and Action as Intermedia Practice in the Work of Katalin Ladik. Budapest 2017, S. 23.

bestimmten, utopischen Zukunft darstellte. Eine spätere Version der Performance *Alice in Codeland* aus den 2010er Jahren ging noch einen Schritt weiter und zeigte, wie durch geschlechtsspezifischen Ageismus repressive soziale Körperlichkeit erzeugt wird. Mit dieser Performance schließt Katalin Ladik als zeitgenössische Künstlerin, die im Gegensatz zu ihrem Alter Ego *Alice* (einer in der «ewigen» Kindheit gefangenen literarischen Figur) Spuren des Alters im Körper bewusst ausstellt, den Kreis der künstlerischen Dekodierung des weiblichen Körpers.

Katalin Ladik verfasste Gedichte wie *Androgün* auf Ungarisch, also in einer Minderheitensprache, was zur Zeit des sozialistischen Jugoslawiens einen gewissen Grad an Freiheit mit sich brachte. In dem Moment, in dem sich diese Poesie jedoch zum performativen Ereignis entwickelte, das vor einem größeren Publikum und außerhalb des kulturellen Raums der «Minderheit» stattfand, veränderte sich die Situation dramatisch *(Abb. 3 und 4)*. Als die Fotos der Performances 1970 die populären jugoslawischen Medien erreichten, kam es zur Eskalation. Nach ihren performativen pararituellen bzw. schamanischen Dichterlesungen (GEFF 69 in Zagreb, Theater Atelje 212 in Belgrad, UFO-Party in Novi Sad usw.) sowie einigen «Nackt»-Fotos, die im selben Jahr die sehr populäre jugoslawische Zeitschrift *Start* zur «Bloßstellung» der Künstlerin veröffentlicht hatte *(Abb. 5)*, wurde Ladik per Dekret aus der Kommunistischen Partei Jugoslawiens ausgeschlossen. Die Begründung war im doktrinären Stil gehalten. Die Genossin Katalin Ladik habe gegen die gesetzlichen Bestimmungen verstoßen, sowie gegen «den moralischen Charakter eines jeden Mitglieds des Bundes der Kommunisten, was sich darauf bezieht, dass im Bund der Kommunisten kein Platz für jene Mitglieder ist, deren Verhalten dem Ansehen des Bundes der Kommunisten schadet, seine Einheit stört und seine Handlungsfähigkeit schwächt».[5]

Ladik, die immer wieder darauf hinwies, dass es neben dem sozialistischen Körper der arbeitenden Frau – der «Kameradschaft» – auch den erotischen Körper der sozialistischen Frau – die «Sexualität» – gibt, verlor nach dem Ausschluss aus der Kommunistischen Partei ihre Anstellung bei Radio-Television Novi Sad, vor allem aber auch die Möglichkeit und den Raum, sich

5 Miško Šuvaković: Neoavangarda i granice kulturalne politike: slučaj Katalin Ladik, in: Republika. XXII/2010, Ausgabe Nr. 474/475.

weiterhin mit vergleichbarer öffentlicher Resonanz als Künstlerin zu betätigen.

Der Parteiausschluss und die Sanktionierung von Ladiks Kunst dokumentieren, wie schnell sich nach dem sozialistischen Umbruch und einer kurzen Phase der (sexuellen) Befreiung in der Geschlechterfrage wieder alte hierarchisierende Muster einschlichen. Als Reaktion auf diese geschlechterpolitische Regression formierte sich in den siebziger Jahren auch in Jugoslawien ein neu ausgerichteter Feminismus, der die weibliche Emanzipation in verschiedenen gesellschaftlichen Bereichen auf die kritische Tagesordnung hob. Ein wichtiges Ereignis auf diesem Weg war die internationale Konferenz *Comrade Woman: Die Frauenfrage – eine neue Herangehensweise?* Die Veranstaltung wurde 1978 nicht zufällig im Studentenkulturzentrum in Belgrad organisiert, also genau an jenem Ort, an dem üblicherweise die *New Art Practices* durchgeführt wurden und an dem auch Katalin Ladik viele ihrer frühen Aktionen gezeigt hatte. An dieser Veranstaltung nahmen zahlreiche Künstlerinnen, Schriftstellerinnen, Theoretikerinnen, Aktivistinnen, Kulturschaffende und andere Akteure aus dem In- und Ausland teil. Die Konferenz markierte den Beginn einer zweiten Welle des jugoslawischen Feminismus. Als sympathisierende Teilnehmerin nahm auch Katalin Ladik an der Konferenz teil, sie lehnte es jedoch ab, ihre Kunst als «feministisch» zu etikettieren:

> «Jede Revolution beginnt irgendwo im Haus – dort muss die Veränderung stattfinden; dann am Arbeitsplatz, auf der Straße, im Zug oder Bus. Das ist etwas, was ich direkt erlebt habe und was alle Frauen erleben. Ich habe keiner bestimmten Ideologie Ausdruck verliehen, aber ich habe direkt gehandelt.»[6]

Zugleich versuchte sie sich einen Reim darauf zu machen, warum ihr Name von außen immer wieder mit dem neuen jugoslawischen Feminismus in Verbindung gebracht wurde:

> «Da ich als Künstlerin und Frau gedemütigt wurde, hatte ich keine andere Wahl, als an meiner Kunst und meinem Frausein festzuhalten. Und manchmal nicht ohne Trotz! Das war mein

6 Ana Simona Zelenović: Intervju sa Katalin Ladik (29.4.2016), in: Analiza i interpretacija performansa, hepeninga i body art-a Katalin Ladik (1968–1983): feministička studija, Masterarbeit (Universität Belgrad), 2017, S. 85.

privater Kampf und Trotz, und da ich unter solchen Umständen nicht einsam war, ist es kein Zufall, dass mein Name im Zusammenhang mit dem Feminismus erwähnt wird, obwohl ich nie eine Aktivistin dieser Bewegung war.»[7]

Dass Ladik trotz eigener Distanzierungen im Gender-Kunst-Komplex oft einem «kontextuellen Feminismus» zugeschlagen wird, zeigt, wie sehr – wenn auch mit besten emanzipatorischen Absichten – die Neigung zur Schablone und eindeutigen Fixierung vorherrscht, die sie doch gerade in ihrer vielschichtigen Kunst problematisiert hatte. Der subversive Reiz von Ladiks Kunst besteht darin, dass sie sich nicht an die Bedeutung von Avantgarde und Feminismus anlehnt, sondern diese durchbricht und erweitert. Sie generiert eine Form des Feminismus, die sich jeder Identifikation oder Definition entzieht und vielmehr den alltäglichen Kampf mit den Lebensumständen, dem Systemdruck und dem Korsett der Kunstproduktion verkörpert *(Abb. 6)*:

«Das Gesicht ist eine Maske, die Zerstörung ist eine Erforschung nicht nur des Gesichts, sondern des ganzen Körpers. Das ist auch eine Suche nach einem Thema, einem Inhalt, eine Frage nach dem, was aus mir – einem Mann im Körper einer Frau – hervorgeht. Ich habe nicht die klassische Rolle der Frau in meinem Leben, obwohl sie mir gegeben wurde, weil das Leben auch von mir verlangt, ein Mann zu sein – zu bestimmen, zu verdienen und meine Familie zu unterstützen. Ungeachtet der Tatsache, dass ich in einer archaischen Gesellschaft lebe, die mich wie eine Frau behandelt, und wir wissen, auf welche Weise *(lacht)*, bin ich dennoch auch ein Mann, der den Lebensunterhalt verdient und ein Kind ernährt, was ich als alleinerziehende Mutter tue. Wenn ich verheiratet bin, bin ich sowohl männlich als auch weiblich, ich bin alles, und das bleibt mein ganzes Leben lang so. Was ich in meinen ersten Performances angedeutet habe, kann in gewisser Weise die Gestalt oder Dimension von Poesie annehmen, aber wenn man von seinem Privatleben und der Gesellschaft die Nase voll hat, muss man sich auf den Schrei verlassen. Der Schrei ist die einzige Art und Weise, in der ich mich ausdrücken konnte.»[8]

7 Dragiša Drašković/Katalin Ladik: Katalin Ladik muškim šovinistima: Izmišljam novi krik, in: Omladinske: List saveza socijalističke omladine Srbije, Nr. 354, Belgrad 1982, S. 14.

8 Vgl. Zelenović: Intervju sa Katalin Ladik, S. 63.

Abb. 5
Bloßstellung einer Künstlerin. Katalin Ladik in der jugoslawischen Boulevard-Zeitschrift «Start».

Kunst, die sich selbst verändert

Kunstdokumentationen, Interpretationen, Interviews sowie Szilágyi Kornéls und Igor Buharovs 60-minütiges Biopic *Sound Cage: A Portrait of Katalin Ladik* von 2015 erschließen die Bedeutung von Ladiks Kunst, die als kontinuierliches Gesamtkunstwerk anzusehen ist.[9] Aus all diesen Quellen geht hervor, dass sie aufgrund ihres radikalen Strebens nach existenzieller und künstlerischer Freiheit die meiste Zeit mit Missverständnissen und

9 Die Zwischenüberschrift bezieht sich auf eine Performance-Veranstaltung von Katalin Ladik mit dem Titel «CHANGE ART – The art of change, exchange and alteration», die 1975 in Novi Sad und 1976 in Belgrad stattfand.

Abb. 6
«Poemask», Performance, Museum of Contemporary Art, Belgrade 1982, Foto: Milomir Bošković.

auch staatlichen Drangsalierungen konfrontiert war. Der Experimentalfilm *O-pus*, der 1972 aus Ladiks Zusammenarbeit mit Attila Csernik entstanden ist, lässt erkennbar werden, dass die Einzigartigkeit dieser unberechenbaren Künstlerin von ihren Anfängen an in der synkretistischen und repetitiven Verwandlung von Stimme, Text und Körper liegt, die im Klang beginnt und in der Poesie endet. Dieser Körper flüstert und schreit, hallt und schweigt. Die Stimme kann dabei einem Kopf, der Kehle, aber auch direkt dem Magen oder den Eingeweiden entspringen; eine Stimme, die in und aus dem Körper entsteht und seine Gren-

Abb. 7
«Soap Opera», Arbeit für die documenta 14, Athen 2016.

zen auf der Suche nach Bildern, Skizzen, Instrumenten, technokulturellen Körpern und postdigitalen Überbleibseln der Motherboards überschreitet,[10] wird zu den Collageobjekten ihrer lautstark vorgetragenen Kunst *(Abb. 7)*. Als Pionierin der jugoslawischen verbal-vokal-visuellen Performance ist Katalin Ladik den ständigen Veränderungen treu geblieben, durch die sie auch heute noch die Körperlichkeit der totalen Performativität[11] produziert. Wie jede Avantgarde, veränderten auch die jugoslawischen Performance-Künstlerinnen der sechziger und siebziger Jahre alles: die Stimme, den Körper, die Sprache, die Bedeutung, die Bewegung, die Freiheit. Der performative Körper der «totalen Kunst» bedeutete damals auch Beschränkung: So tauchte unter den Definitionen der neuen Künste der Begriff der *Arte Povera* auf, der den Grenzbereich zwischen Minimal- und Konzeptkunst und damit auch eine Art Guerilla-Kunst gegen die «reiche» Welt beschreibt.[12] Statt um Ewigkeit geht es um Ephemeralität, die der nichtmaterialisierte, nichtkommerzielle Status eines Kunstwerkes mit sich bringt. Katalin Ladiks Kunst ist «ein flüchtiger Körper».[13] Dieser entzieht sich jeder festen Zuschreibung. Gerade

10 Die performative Idee eines nativen (post)digitalen Körpers wurde 2016 mit einer Reihe von Techno-Sound-Assemblagen als «Soap Opera» für die documenta 14 umgesetzt.

11 Abgeleitet von Adriano Spatolas Definition einer «totalen Poesie». Vgl. Adriano Spatola: Verso la poesia totale, Salerno 1969.

12 Bálint Szombathy: «Nova umetnička praksa 1966–1978», in: Polja – Časopis za književnost i teoriju, XXXIV, Nr. 348, Novi Sad 1988, S. 105.

13 Elizabeth Grosz: Volatile Bodies: Toward a Corporeal Feminism, Bloomington 1994.

indem sie die Zurichtung des Körpers auf Geschlecht und Identität in ihren spektakulären Performances in Jugoslawien als Problem mehrdimensional erforschte, zeigte Ladik im radikalen Ausstellen ihres eigenen «flüchtigen Körpers» die Grenzen, Widerstände, aber auch die subversiven Potentiale einer blockfreien Kunst.

Bildnachweis:
Abb. 1, 2, 3, 4, 6, 7: © Courtesy of the artist and acb Gallery, Budapest.

Julia Kissina

Wie die Postmoderne den Sozialismus besiegte

Die Fragen von «Adaption» und «Integration» kommen jedes Mal auf, wenn wir im Westen über Osteuropa sprechen. Genauer gesagt, über die Menschen, die in Osteuropa aufgewachsen sind. Wir fragen uns, inwieweit wir, die Osteuropäer, überhaupt Teil der europäischen Kultur sind.

Jedenfalls erlitt ich, als ich zum ersten Mal ins Ausland reiste, nicht nur einen Kulturschock. Ich hatte eine Halluzination. Als ich aus der Leningrader Region kommend die finnische Grenze überquerte, sah ich, wie der Himmel im kapitalistischen Finnland hellblau aufleuchtete und das Gras seine Farbe von grau nach smaragdgrün änderte. Als ich mich später mit meinen Landsleuten über dieses Phänomen unterhielt, fand ich heraus, dass auch viele andere eine solche Halluzination erfahren hatten.

Ich lebte dann in verschiedenen westeuropäischen Ländern, und nach einiger Zeit wurde mir klar: Ich bin in einer der homogensten Kulturen der Welt aufgewachsen. Und die Klaustrophobie, die ich mir auf der größten zusammenhängenden geographischen Landfläche der Welt zugezogen hatte, blieb mir noch viele Jahre lang erhalten.

Zu jenen Zeiten drangen nur sehr vereinzelt westliche Ausländer in unsere Welt vor, und was diesen vor allem auffiel, war die fehlende Liebe zu Material, Qualität und Design sowie die Tatsache, dass in der Kunst eigentlich niemand abstrakt oder in Farbe arbeitete.

Wir hätten im Grunde auch mit verbundenen Augen leben können. Wie Platons Höhlenmenschen setzten wir unser Bild von der Zivilisation aus Informationsfragmenten zusammen, die zufällig über den Eisernen Vorhang herübergepurzelt waren. Und vor allem orientierten wir uns an dem Projekt, das der Dramatiker Anatoli Lunatscharski – ein großer Idealist, Atheist und Anhänger des Klassizismus – schon in den dreißiger Jahren im Volkskommissariat für Bildung vorgelegt hatte. Sein großer Traum war es, die russische Schreibweise zu latinisieren. Ebenjener Lunatscharski war es, der das staatliche Bildungssystem der UdSSR auf der Grundlage der klassischen Vorbilder des 19. Jahrhunderts schuf.

Lunatscharski ist es zu verdanken, dass wir eine kostenlose und solide konservative Bildung erhielten, genau wie die Kinder der privilegierten Klassen des Westens. Diese Überdosis an Bildung entschädigte uns für alle materiellen Mängel, für fehlende Kleidung, schlechtes Schuhwerk, für den Mangel an den elementaren Gebrauchsgegenständen des Alltags und für die totale Monotonie.

In dieser Situation schmachteten wir nach der Vergangenheit, nach dem Leben, das in unseren Büchern ausgemalt wurde. Aber das war eine Welt der Phantasie. Was unsere humanistische Bildung angeht, waren wir hoffnungslos zurückgeblieben, deshalb steckten wir immer noch bis über die Ohren in der russischen Romantik, als der stalinistische Terror begann.

Unser Defizit an frischen Informationen wiederum bewirkte, dass wir noch immer das Verlangen hatten, irgendetwas zu lieben. Das erklärt unsere verbissene Liebe zu den Klassikern. Auf diese Weise begann die Große Imitation.

Die Ironie und der Kitsch waren unsere ständigen Begleiter. Diese beiden Tendenzen ahmten die berüchtigte Hochkultur nach. Jede auf ihre Weise. Antiquitäten kamen sehr in Mode, die Männer fingen an, den Damen devot die Hände zu küssen. Sie verneigten sich geziert, produzierten schranzenhafte Kratzfüße und pflegten eine verschnörkelte Ausdrucksweise – alles, um sich von den komsomolzischen Grobianen abzusetzen. Das Imperium der Arbeiter und Bauern dagegen kultivierte Lebensmut und Kraft – Kraft durch Freude.

Mit den sechziger und siebziger Jahren dann überschwemmte uns der Kitsch wie eine Sturmflut. Er beherrschte gleichermaßen die Inneneinrichtungen sowjetischer Häuser, die schwülstige Prosa unserer Schriftsteller, die Texte unserer Liedermacher, das Theater und die anderen Künste. Manchmal schwang sich der Kitsch zu schwindelerregenden Höhen empor, wie zum Beispiel in der Lyrik von Bella Achmadulina und den Schöpfungen Bulat Okudschawas. Aber auch die zeitgenössische Prosa konnte nicht schwülstig und gestelzt genug sein, reichlich gespickt mit klangvollen Zitaten, damit man ja nicht in den Verdacht der «akademischen Lasterhaftigkeit» geriet. Doch der Gipfel der Kitsch-Ära war die sentimentale sowjetische Popkultur.

Im Kino und im Fernsehen kursierten zahlreiche Kostümfilme nach russischen und ausländischen Romanen. Das waren entweder Interpretationen von Klassikern oder Variationen auf die Themen «Krieg und Frieden», «Genau jener Münchhausen», «Der Strohhut» und so weiter. Dieser Fernsehkarneval hatte zur Folge, dass in den siebziger Jahren in der Mittelschicht des Arbeiter-und-Bauern-Staates ein ausgeprägt theatralischer Dresscode herrschte. Die Männer ließen sich den Bart wachsen. Das war nicht nur ein bloßer Widerhall der haarigen westlichen Mode, nein, die gesamte sowjetische Intelligenz, inzwischen die tragende Klasse des Kitsches, sah jetzt aus wie eine Karikatur des Adels der vorrevolutionären Zeit. Die Vorbilder waren die Porträts der großen Schriftsteller, Komponisten und Wissenschaftler aus vorsowjetischer Zeit. Diese Porträts hingen in allen Behörden und Bildungseinrichtungen. Sie gehörten zum Pantheon im Geiste Lunatscharskis. Der pausbackige und prachtvoll ausstaffierte Mann mit Vollbart wurde jetzt zum Antipoden des athletischen, glattrasierten und energischen Komsomol-Aktivisten. Außerdem galt in intellektuellen Kreisen «Aktivist» als Beleidigung, es deutete auf einen strebsamen Parteikarrieristen.

Es war die Ära des Obskurantismus der Erhabenheit. Um sich vom Image der sozialistischen Amazone zu distanzieren, trugen die mondänen städtischen Frauen Spitze. Überhäuft mit Gold und Rubinen, liefen sie herum wie seltsame Weihnachtsbäume und spielten die Rolle aristokratischer Damen einer glorifizierten Vergangenheit. Die Frauen aus den sogenannten guten Familien mussten aussehen wie ein Muster an Bürgerlichkeit, wie die Tschechow'sche Mademoiselle, und sich mit gezierter Weiblichkeit gebaren. Später übertrug sich diese Manier auf fast alle Gesellschaftsschichten. Und als dann das Wort Feminismus zum ersten Mal in der UdSSR auftauchte, liefen die Frauen dagegen Sturm.

In den Siebzigern, als die Vibrationen des Westens die sowjetische Gesellschaft sogar durch die dicke Membran des Eisernen Vorhangs hindurch zu erschüttern begannen, kam es zu einer Wende: Es entstanden neue Kunstformen. Das wichtigste Werkzeug des Widerstands gegen den Kitsch war die Ironie derjenigen, die sich noch an die Traditionen der russischen Avantgarde erinnerten – die Postavantgardisten und Nonkonformisten. Während die Bevölkerung die Hochkultur unbewusst imitierte, tat die Untergrundkunst es bewusst.

Vom Ende der fünfziger bis Mitte der siebziger Jahre war in Moskau die Künstler- und Dichtergruppe Lianosowski aktiv. Ihre Mitglieder lehnten alles Hochliterarische vehement ab, sie beschrieben die banale Realität in einer demonstrativ nüchternen, unpoetischen Sprache.

Im späten sowjetischen Underground erblühte das Genre der *Tschornucha* (noir, thrash), abgeleitet von dem Wort *tschorni* (schwarz), und bestimmte nach und nach den Mainstream. Es war wahrscheinlich die einzige wirklich autonome Form des Protests, ohne jede Heuchelei oder Künstelei.

Anfang der achtziger Jahre entstand in Moskau der Juschinski-Kreis aus mystisch gestimmten Literaten, mancher von ihnen mit dezidiert nationalistischer Neigung. Der interessanteste von ihnen war der Schriftsteller Juri Mamlejew, Autor eines der düstersten Romane der russischen Literatur mit dem Titel *Schatuny* (dt. *Mörder aus dem Nichts*). Er beeinflusste später eine ganze Reihe von jüngeren Schriftstellern.

In den frühen achtziger Jahren waren in Leningrad wiederum die Nekrorealisten sehr beliebt. Ihr Gründungsvater Jewgeni Jufit drehte Kurzfilme im 16-mm- und 35-mm-Format, manchmal mit Ausschussmaterial. Die Filme trugen so erhebende Titel wie «Werwolf-Sanitäter» oder «Selbstmord-Eber». Später flossen diese *slapstick*s in die Bewegung des «Parallelkinos» ein, welche eine Parodie auf das «echte» Kino wurde.

In der *Tschornucha* verbanden sich Ironie, Gewalt, Horror, Mystik und Folklore. Der Autor der *Tschornucha* distanzierte sich auch von seiner eigenen Autorschaft, indem er Literatur oder Film simulierte.

In den Achtzigern stieg der französische Theoretiker Jean Baudrillard aus seinem Pariser Himmel zu uns herab. Die Intelligenzija vertiefte sich in seine Texte, hatte die Ideen vom «Simulakrum» und vom «Tod des Autors» fest verinnerlicht und das Recht auf persönliche Einbeziehung endgültig begraben. Und kaum hatte diese Spielform der Postmoderne den Sozialismus besiegt, wurden Kompilieren und Zitieren zu den Hauptstrategien der künstlerischen Produktion.

Es war die Zeit, in der das avantgardistische Vertrauen auf Originalität verloren gegangen war, als schon der Versuch, solche zu erschaffen, als hoffnungslos obsolet galt.

Stattdessen imitierte und konsumierte der Mainstream weiterhin die Hochkultur in bewährter Tradition, während die Mehrheit der Underground-Autoren sich längst der dreckigen Kunst, der konkreten Poesie, der konkreten Literatur zugewandt hatte. Analog zur konkreten Musik verarbeitete man fertige Texte, man simulierte, kopierte, imitierte, spottete.

Dies machte die schöpferische Arbeit überraschend einfach: Der Staat selbst lieferte den Kulturkörper, er war der Autor, die Künstler dagegen waren seine Interpreten und Reflektoren, mit einer Neigung zur Karikatur.

Von diesem Moment an taten die Literaten demonstrativ so, als würden sie schreiben, und die Künstler taten so, als ob sie malten. Und da der Staat die Hochkultur als Feigenblatt für sein politisches, wirtschaftliches und ideologisches Unvermögen benutzte, als Surrogat der Realität, legalisierten auch die Künstler den «Fake» als diskursive Strategie – die nach und nach die Merkmale eines sozialen Spiels annahm.

Im Zusammenhang damit entstand Ende der siebziger Jahre in Moskau eine Bewegung, der der Kulturphilosoph Boris Groys den Namen «Moskauer romantischer Konzeptualismus» gab. Ich würde es «heroische Interpretation» oder «sentimentale Analyse» nennen. Ein Vertreter dieser Bewegung, der Dichter Lev Rubinstein, beschriftete Karteikarten mit banalen Sätzen, die er aus Alltagsgesprächen entnommen hatte: «Alle Abfolgen, wie

wir sehen, sind immer gerechtfertigt» oder «Wahrscheinlich liegen wir falsch, wenn wir denken, dass wir Einfluss auf den Lauf der Ereignisse nehmen».

Jeder dieser Sätze war ein linguistisches Fundobjekt, ein *objet trouvé*, ein literarisches *Ready-made*, eine bewusste Verdoppelung der tristen Realität. Diese künstlerische Strategie ist bekannt als Appropriation Art.

Anfang der achtziger Jahre begann ein anderer Konzeptualist, Juri Albert, den staatlich verordneten Mythos der hohen Kunst zu entlarven, er schuf eine Serie von Arbeiten unter dem Motto «Ich bin nicht (...)»: «Ich bin nicht Jasper Johns», «Ich bin nicht Roy Lichtenstein», «Ich bin nicht Andy Warhol» usw. In diesen Arbeiten imitierte er den Malstil von Künstlern, die er nicht ist *(Abb. 1 und 2)*.

Der Künstler Avdei Ter-Oganjan, der sich ebenfalls seit Ende der achtziger Jahre in vielen seiner Arbeiten mit dem Thema der Appropriation auseinandersetzte, indem er Kubismus, Suprematismus und andere Stile der klassischen Moderne imitierte, suchte nach der größtmöglichen Klarheit in der konzeptionellen Aussage. Eine Arbeit von ihm hieß zum Beispiel «Doppelte Entlehnung». Ter-Oganjan replizierte nicht einfach die Werke der Väter des Modernismus, sondern er verlangte von seinen Schülern die Replik der Performances.

Abb. 1
Juri Albert: «Ich bin nicht Roy Lichtenstein», 1990, aus der Serie «Ich bin nicht (...)», Acryl auf Leinwand, 140 x 140 cm.

Abb. 2
Juri Albert: «Ich bin nicht Andy Warhol», 1990, aus der Serie «Ich bin nicht (...)», Siebdruck auf Papier, 76 x 58 cm.

In der Sackgasse der tristen sowjetischen Realität drehte auch die Kultur selbstreferentielle Schleifen. Daher waren alle offenliegenden Stile und auch die poetische Sprache erschöpft. Der Dichter Dmitri Prigow beschwor das Ende der Poesie.

Anfang der neunziger Jahre erschienen in der Moskauer Underground-Zeitschrift *Mesto Pechati* («Druckort», auch die Stelle, wo man den Stempel setzt) die ersten Texte von Vladimir Sorokin. Diese Zeitschrift entstand, wie viele andere, in der Moskauer «Küche» des damaligen Journalismusstudenten Nikolai Scheptulin, sie wurde in den neunziger Jahren zum wichtigsten Printmedium des Moskauer Konzeptualismus. Aus dieser Zeitschrift entwickelte sich dann der Underground-Verlag *Obscuri Viri*. Mit großer Virtuosität «tat» Sorokin «so, als ob» er Literatur schreibe:

«Schon längst war ihm diese ungewöhnliche Eigenschaft der russischen Natur aufgefallen – im ersten Frühjahr ihre Erhabenheit zu verlieren, in sich zusammenzuschrumpfen und in jämmerlicher Stummheit unter müdem Nieselregen zu erstarren. Wie jämmerlich und stumm ist der russische Wald im Vorfrühling! Hünenhafte Eichen, jahrhundertealte hohle Linden, weißstämmige Birken, schlanke Eschen und Espen stehen da wie Diener, die von ihrem Herrn der Willkür ihres Schicksals ausgeliefert wurden, stehen da in devoter Ergebenheit und lassen ihre kahlen Äste hängen, als erwarteten sie ihren unausweichlichen Tod auf diesem nassen, leblosen, noch vom Laub des letzten Jahres bedeckten Erdboden.» (Aus dem Roman *Roman* von 1994)

Genau wie Juri Albert oder Avdei Ter-Oganjan widmete sich Vladimir Sorokin der Entlarvung und Dekonstruktion des russischen Literaturmythos. Mit großer Meisterschaft imitierte er verschiedene literarische Stile und entblößte deren Verfahrensweisen, er adaptierte die Sprache des klassischen russischen Romans und installierte konsequent das Prinzip der Multiplikation und Replikation. So klonte er zum Beispiel in seinem Roman *Der blaue Speck* 1999 das Heilige Pantheon der russischen Schriftsteller. Aber auch ich habe zu Beginn der neunziger Jahre schwer gesündigt, indem ich mich ständig mit diesen «kulturellen Themen» beschäftigte. Ich zitiere einen Auszug aus meiner Erzählung *Die Vision des Fetts* von 1993:

«Lucy stand vor einer moosbewachsenen Gruft, auf deren Giebel geschrieben stand: Lunatscharski. Gesammelte Werke. Obwohl Lucy nicht wußte, wer Lunatscharski war, wurde ihr unerträglich traurig. Unter jeder Grabplatte lagen Bücher. Sie ging von Gruft zu Gruft, von Grab zu Grab. Schließlich kam sie zu einem Sarkophag, in dem zu ihrer Verwunderung ihr eigenes Buch lag. Es gab keine Blumen, das Grab war anscheinend schon lange nicht mehr gepflegt worden, die Inschrift auf dem Stein war fast verschwunden. Nur mit Mühe konnte Lucy sie entziffern. Die Inschrift lautete: Lucy Dickinson. Ausgewählte Werke. Zweites Kapitel. ‹Hier liegt ja nur das zweite Kapitel, das ich irgendwann mal in der Straßenbahn vergessen habe›, dachte Lucy. ‹Ah, da bist du also!›, rief sie. ‹Ich habe dich überall gesucht!›»

Derartige Texte oder Kunstwerke vermeldeten die totale Täuschung, sie nahmen dem Betrachter oder Leser das Vertrauen in die Kunst, bewahrten dabei aber eine perfekt hergestellte literarische oder künstlerische Oberfläche.

Die abschließende Geste dieser Ära war Mascha Sumninas und Ilja Wosnessenskis Roman *Mein Leben*, zusammengestellt aus den Biographien berühmter und in der UdSSR berüchtigter Persönlichkeiten. Das sieht so aus:

«Die Bilder begannen, aus anderen Oberflächen hervorzudringen, ohne magische Manipulationen. Das erste Mal passierte das, als ich mit Masern im Bett lag und eine Holzvertäfelung aus Mahagoni anschaute. Plötzlich schaute die Täfelung mich an. Zuerst erschienen Augen, dann ein Schnabel, und dann eine ganze gestrenge Nachtigall.

Seitdem ich diese unergründliche Quelle entdeckte, habe ich noch oft in die unterschiedlichsten Oberflächen und Texturen geschaut und ihnen Bilder abgeluchst. In jedem Stein, jeder Wolke, jedem Stück Holz sah ich Figuren, die von mir verlangten, dass ich sie zeichne.»

Oder:

«Mein Leben schien mir jetzt wie eine verschneite Straße, an der zu beiden Seiten da und dort Grabkreuze stehen.

Der Major hatte ausgiebig Nietzsche und Schopenhauer gelesen. Ich war nicht ganz unschuldig daran, dass seine trübe Laune sich noch verschlimmerte, indem ich nämlich behauptete, Freud und Leid seien gleichermaßen relativ. Deshalb musste ich mich jetzt auf die Eigenschaften der unsterblichen Materie konzentrieren, um so Trost für alle Toten, für jegliche organische und anorganische Materie zu finden.

Außerdem achtete ich mehr auf Zahlen. Denn wenn ich mein Alter und die Anzahl der Karten im Blatt zusammenzählte, kam dabei die Zahl des aktuellen Jahres heraus. Also musste dieses Jahr bedeutende Ereignisse bringen.»

Das war eine ganz ehrliche Arbeit, die sich sehr von der langatmigen, verwickelten Kulturprosa unterschied, die nach dem Zusammenbruch des Imperiums in Mode gekommen war, wie die Texte von Tatjana Tolstaja und vielen anderen, die später eine Reihe von W. G. Sebalds Klonen bildeten.

Ende der neunziger Jahre wagte man sich endgültig aus dem Underground hervor. Die junge Generation zog in den Kampf gegen Kapitalismus und Konzeptualismus, und auf dem Territorium der ehemaligen Sowjetunion entstanden viele Strömungen, die auf die eine oder andere Weise um das Erbe der Postmoderne rivalisierten. Es entstand eine «Neue Aufrichtigkeit»: Sowohl die Kunst als auch die Literatur wurden vom Jugend-Trash erfasst – einem Narrativ im Geiste des sei es authentischen, sei es gekonnt gemachten Buches *Go Ask Alice* von Beatrice Sparks und der Ästhetik von Larry Clark.

An die Stelle von vorgeblich dokumentarischen Bekenntnissen oder ellenlangen Tagebuchaufzeichnungen traten ironische Gedichte. «Kampf um Authentizität» nannte das der Kritiker Dmitry Kuzmin im Jahr 2009.

Im Theater kam die Tradition der Appropriation, der Multiplikation der Realität, des Verbatim, des dokumentarischen Theaters erst mit großer Verspätung an. Aber das war wieder die homogene Realität des postsowjetischen Raums. In Moskau wurde das dokumentarische *Theater.doc* gegründet, dessen Inszenierungen auf authentischen Interviews mit realen Personen basierten.

Und erst in den 2010er Jahren kam die weitgehend autonome Kunst des Protestaktionismus auf, die sich an den postrevolutionären Inszenierungen der 1920er Jahre von Nikolai Jewreinow und Sergei Radlow orientierte.

Aber seit den neunziger Jahren, und fast bis zum heutigen Tag, setzt der Mainstream, der Anspruch auf die sogenannte große Literatur erhebt, die hohe akademische Tradition fort. Immer noch Imitation, transportiert er traditionell Nostalgie, indem er immer weiter die drei großen Walfische «Kunst», «Musik» und «Poesie» reproduziert, auf denen die imperiale Langeweile ruht.

Aus dem Russischen von Olga Kouvchinnikova und Ingolf Hoppmann

Bildnachweis:
Abb. 1 u. 2: © Courtesy Yuri Albert.

Jörg Völlnagel

Prager Hochzeit

1 Milan Knížák und Soňa Švecová: Wedding Announcement, 1967, Farbdruck auf Zeitungspapier, ca. 43 × 30 cm, Staatliche Museen zu Berlin, Kunstbibliothek, Inv. 1999, 2/ 89(14).

In Karlsbad üben die kommunistischen Satellitenstaaten auf einer Konferenz den Schulterschluss. Bonn bereitet sich auf das Staatsbegräbnis von Konrad Adenauer vor. Die NASA-Sonde Surveyor 3 funkt Bilder vom Mond auf die Erde. Zwischen Himmel und Erde passiert an einem Tag im April 1967 vieles gleichzeitig, was unter dem Siegel der Aktualität am nächsten Tag Platz in der Zeitung beansprucht. Vor einem Ereignis aber verblassen am 24. April 1967 alle Nachrichten: Eine halbe Zeitungsseite ist mit einem roten Farbblock gestempelt, und quer zur Laufrichtung der Zeitungstexte wird darin mit grob ausgekerbten Buchstaben eine Hochzeit angekündigt *(Abb. 1)*: «SOŇA + MILAN WILL MARRY ON 7TH MAY 9,45 A.M.» Wer sind die beiden, die die gesammelten Nachrichten in den Hintergrund drängen für ihr *Wedding Announcement*? Wer reicht sich die Hände? Und welche Hierarchie der Ereignisse wird hier gestört?

Diese ungewöhnliche Ankündigung befindet sich heute im von Hanns Sohm erworbenen Fluxus-Archiv in der Kunstbibliothek der Staatlichen Museen zu Berlin.[1] Sohm, ein Zahnarzt aus Markgröningen bei Stuttgart, war ein bedeutender westdeutscher Sammler von Dokumenten und Materialien, die im Umfeld einer subversiven Kunstform entstanden, die unter dem Namen «Fluxus» in die Kulturgeschichte der 1960er und 1970er Jahre eingegangen ist. Der Hauptteil seines Archivs befindet sich in der Staatsgalerie Stuttgart. Fluxus ist eng mit New York, Paris und Nizza, Wiesbaden, Düsseldorf und Köln verbunden, aber es

Abb. 1
Breaking News: Milan Knížák und Soňa Švecová: Wedding Announcement, 1967, Staatliche Museen zu Berlin, Kunstbibliothek.

gab eben neben diesen westlichen Kapitalen und mondänen Orten auch einen autonomen mittel-osteuropäischen Seitenarm, der gesellschaftspolitisch mit anderen Einsätzen und Risiken spielte als im Westen, wie wir noch sehen werden.[2] Zu diesen Aktionskünstlern, deren Schaffen Sohm dokumentierte, gehört auch der Tscheche Milan Knížák.

Es ist jener Milan (Knížák, geb. 1940), der am 7. Mai 1967 seine Künstlerkollegin Soňa (Švecová, geb. 1946) heiratete und dieses Ereignis mit der Anzeige tagesaktuell dokumentierte. Die Anzeige des Künstlerpaares fällt in die Hoch-Zeit der Fluxus-Bewegung. Aber zuerst einmal müssen wir noch ein paar Jahre zurückschauen und in die Gegenwärtigkeit der frühen sechziger Jahre eintauchen, in denen es für die allerorts entstehenden subversiven Praktiken der Kunst, die heute meist einen festen Platz im Kanon der (Sub-)Kultur behaupten, oft noch keine Begriffe gab. Auch in Prag waren sie um 1963 gesellschaftspolitische Ausdrucksformen einer neuen Generation, denen der öffentliche Raum verstellt war. Soňa Švecová gehörte zu einer Gruppe junger Menschen, die sich in Milan Knížáks Wohnung trafen, um gemeinsame «Seancen» abzuhalten. Wobei das geheimnisum-

2 Vgl. Petra Stegmann: Fluxus and the East, in: Centropa 14, 2014, S. 39–56; Amy Bryzgel: Performance Art in Eastern Europe since 1960, Manchester 2017.

witterte Wort «Seance» mehr verdunkelt als erhellt. Es waren Zusammentreffen in immer neuen Konstellationen, ein künstlerischer Freundeskreis von unbedingter Zeitgenossenschaft, die auch die Aktionsgruppe aus dem Wohnzimmer Knížáks seit 1964 exklusiv im Namen für sich behauptete: *Aktuální umění* (Aktuelle Kunst), und das bedeutete, sich mit spontanen Aktionen im Stadtraum, musikalischen Aufführungen, Samisdat-Schriften oder Mail Art direkt an das (häufig zufällig anwesende) Publikum zu richten und auf diesem Wege die Sinne an sich und die Wahrnehmung für die Kunst und das Leben zu schärfen.[3] Angestrebt war eine gemeinschaftliche Erfahrung aller Teilnehmenden, auch der unfreiwilligen, die in der utopistischen Idee gipfelte, das eigene Leben in Kunst zu verwandeln. Flankiert wurden die Aktionen der Gruppe von zwei Ausgaben der gleichnamigen Zeitschrift und einem umfangreichen Sammelband mit dem Titel *Nutná činost* (Notwendige Handlung). Und genau jenen Imperativ des Handlungsbedarfs meldete die Gruppe dann auch bald für sich an und beschloss die Streichung des Begriffs *umění* (Kunst) aus ihrem Namen, da «die Kunst allein für einen grundlegenden Wandel des Menschen nicht ausreiche».[4]

Die tschechische Aktionskunst ist als autonome Bewegung und originäre künstlerische Reaktion auf einen totalitären Staat nicht der westlichen Fluxus-Bewegung gleichzusetzen. Der Austausch zwischen dem westlichen und östlichen Underground war Mitte der sechziger Jahre aber intensiv und fruchtbar. Der Fluxus-Begriffsschöpfer George Maciunas (1931–1978) hatte aufgrund seiner litauischen Herkunft ohnehin ein besonderes Auge auf die osteuropäische Szene geworfen. In einer raumgreifenden Geste berief dieser selbsternannte Geschäftsführer der Fluxus-Bewegung Milan Knížák 1965 zum *Director of Fluxus East*. Zum *Director of Fluxus West* kürte er Ken Friedman (geb. 1949). Mit seinem transatlantischen Direktoren-Counterpart Friedman stand Knížák, ebenso wie Soňa Švecová, in engem Austausch. Als Brückenkopf zur Prager Keimzelle der Bewegung gründete Friedman deshalb im März 1967 in Los Angeles «Aktual-USA».[5]

Auch wenn sich ihm nun die Türen der westlichen Kunstszene öffneten, westliche Sammler ihr Portfolio neu ausrichteten und um die subversive Aktionskunst aus dem Osten ergänzten, hielt

3 Milan Knížák: «Manifest der Aktuellen Kunst» und «Warum gerade so», in: Jiří Ševčík/ Peter Weibel (Hg.): Utopien & Konflikte. Dokumente und Manifeste zur tschechischen Kunst 1938–1989, Stuttgart 2007, S. 194–203.

4 Milan Knížák: Happening East – Die Prager Kunstrebellen der sechziger Jahre, in: Bernd Polster (Hg.): Westwind. Die Amerikanisierung Europas, Köln 1995, S. 126–132, hier: S. 128.

5 Vgl. Tomáš Pospiszyl: Milan Knížák and Ken Friedman: Keeping Together Manifestations in a Divided World, 2015 (Fondazione Bonotto; https://www.fondazionebonotto.org/cn/collection/fluxus/friedmanken/7939.html).).

Knížák Distanz. Dies galt auch – oder vielleicht gerade – für die Zeit seines Aufenthaltes in New York in den Jahren 1968 bis 1970 und für seine Beteiligung an westdeutscher Aktionskunst in den Folgejahren. Nach seiner Rückkehr aus den USA geriet er verstärkt ins Visier der Strafverfolgung. 1973 zog er sich aus Prag zurück und lebte auf dem Land bei Marienbad. Die Gruppe *Aktual* wurde nicht mehr reaktiviert. An eine Episode aus den frühen siebziger Jahren, an der auch sein Sammler Sohm beteiligt war, erinnerte sich Knížák jüngst in einem Gespräch, wobei hier das Schisma der Fluxus-Bewegung noch einmal aufblitzte, dass bei der Unterwanderung etablierter Kunstformen im Westen und Osten die existentiellen Konsequenzen radikal anderer Art waren.

«Unmittelbar danach besuchte mich der deutsche Sammler Hanns Sohm, der auf dem Rückweg nach Deutschland bei einer Grenzkontrolle festgenommen wurde. Die gesamte Dokumentation meiner Arbeiten wurde ihm natürlich abgenommen, und dann steckten sie ihn auch noch heulend über Nacht ins Gefängnis, wo sich der alte Soldat, der in Russland schwerste Leiden zu durchstehen hatte, vor Angst regelrecht in die Hosen machte. Mich selbst verurteilten sie zu zwei Jahren Haft.»[6]

Ganz in der Linie der angestrebten Durchdringung von Kunst und Leben war die oben angezeigte Eheschließung zweier Kunstakteure im Frühjahr 1967 integraler Bestandteil des gemeinsamen Werks. Auch grundsätzlich war die Hochzeit ein wichtiges Thema in Knížáks künstlerischem Schaffen, das sein Lebenswerk auch in den Jahren nach 1967 prägen sollte, in dem er das eigene Lieben und dessen amtliche Beglaubigung wiederholt künstlerisch performativ verarbeitete.[7] Jenseits der Kunstaktionen war Milan Knížáks Ehe mit Soňa Švecová, die uns dieses vielschichtige Werk beschert hat, nur von kurzer Dauer. Bereits in der New Yorker Zeit lebte Knížák mit einer anderen Künstlerkollegin zusammen, die sich Jane Knížák nannte und 1969 für George Maciunas eine Künstlerbox mit dem Titel *Flux Papers* edierte.[8] Und seit 1975 ist er – offenbar bis heute – mit Marie Knížáková verheiratet. Soňa Švecovás Spur scheint sich mit dem

6 Milan Knížák im Interview: Mein Leben mit Beuys (Goethe-Institut Tschechien, Februar 2021; https://www.goethe.de/ins/tw/de/kul/dos/beu/22120825.html).

7 Knížáks Hochzeitsarbeiten reichen von der Anzeige aus dem Jahr 1967 und der zur Hochzeit mit Soňa Švecová gehörenden Partitur der «Marriage Ceremony» über die Partitur der «Wedding Ceremony» von 1970 bis zu den Arbeiten im New Yorker Museum of Modern Art (MoMA): «WEDDING CEREMONY (march 8, 1975) – dancing on the field –», von der das MoMA in den sogenannten «Performance Files 1962–85» eine Dokumentation mit 11 Silbergelatineprints in seiner Sammlung bewahrt (Gilbert and Lila Silverman Fluxus-Sammlung, Inv. 3160.2008.59a–m), und die auf ca. 1980 datierte vierteilige Arbeit «Wedding», die sich in derselben Sammlung befindet (Inv. 3230.2008.1–4) und aus vier von Knížák pastos mit roter Farbe übermalten Fotografien aus der «Wedding Ceremony» von 1975 besteht, die hier aber nicht auf offenem Feld, sondern in einem Innenraum, vermutlich dem Standesamt, situiert waren. Auch George Maciunas feierte 1978 eine «Flux Wedding» mit der Dichterin Billie Hutching, die in eine künstlerische Werkdokumentation mündete (https://www.fondazionebonotto.org/en/collection/fluxus/collectivefluxus/performance/2630.html).

Abb. 2
Flower Power.
Soňa Švecová: Striptease, 1967. Künstlerbuch, eingebunden in floralen Stoff, Museum of Modern Art, New York.

Ende der Partnerschaft und ihrer Mitgliedschaft in der Gruppe *Aktual* zu verlieren, auch wenn das New Yorker Museum of Modern Art (MoMA) jenseits der drei *Aktual*-Manifeste online sechs Werke von ihr listet, die jedoch alle aus den Jahren 1966/67 und mehrheitlich aus der Serie *Hry* (Spiele) stammen (https://www.moma.org/artists/37869). Darunter befindet sich auch ihr vielleicht wichtigstes Werk: *Striptease* aus dem Hochzeitsjahr 1967, eine Art Künstlerbuch, benannt nach ihrer öffentlichen Entkleidungsperformance vom 23. Mai 1965 *(Abb. 2)*,[9] in dem sie neben ihrem Mädchen- und Künstlerinnennamen auch ihren «married name: Knížáková» aufführt.

Mit anderen gendersensibilisierten Vorzeichen als in den sechziger Jahren fällt auf, dass Knížáks Ehefrauen, die zugleich auch seine künstlerischen Mitaktivistinnen waren, bei der Edition der Werke in den Hintergrund treten (oder von seiner raumgreifenden Präsenz dorthin gedrängt wurden). So werden die Hochzeitsarbeiten in Archiven und Museen immer unter dem Namen Milan Knížák geführt. Bei der Hochzeitsanzeige von 1967 mag die Zuschreibung insofern nachvollziehbar sein, als sich damit eine kunsthandwerkliche Arbeit und somit eine Autorschaft verbinden – wenn wir davon ausgehen, dass die Anzeige von Knížák «entworfen» und der Druckstock von ihm gefertigt wurde. Bei der fotografisch dokumentierten Performance der *Wedding Ceremony* im MoMA stellt die Personalisierung auf den deutungs-

8 Vgl. Jon Hendricks (Hg.): Fluxus Codex, New York 1988, S. 294 f.; zu Jane Knizak siehe auch Ina Conzen: Art Games. Die Schachteln der Fluxuskünstler, Staatsgalerie Stuttgart 1997, S. 87: «Jane Knizak war kurzfristig verbunden mit Milan Knizak. Von 1968–70 lebten beide in New York, wo sie vor allem mit Fluxuskünstlern in Kontakt kamen.»

9 Vgl. Pavlína Morganová: Czech Action Art. Happenings, Actions, Events, Land Art, Body Art and Performance Art Behind the Iron Curtain, Prag 2014, v. a. S. 49–79, hier S. 60.

Abb. 3
«Everyone walks deep into the woods until they come to a clearing.» Milan Knížák und Soňa Švecová: Our Own Wedding Ceremony – Part 1, 1967, Walker Art Center, Minneapolis.

mächtigen Bräutigam jedoch auf jeden Fall eine Verkürzung dar, zeigen die elf Fotografien doch zwei gleichberechtigt Agierende. Nicht nur die fotografierende und dokumentierende Person, auch seine Ehefrau Marie Knížáková bleibt ungenannt, während davon ausgegangen werden kann, dass es Knížák gewesen ist, der die Aktion mit den elf Fotos und dem fotokopierten Titel in einem handbeschriebenen Umschlag seinem Werkkorpus einverleibte. Das gilt auch für die vier wohl von ihm übermalten Fotografien der MoMA-Arbeit *Wedding*. Milan Knížák war immer schon sein eigener Historiograf und Dramaturg seiner Künstlervita, der über all seine Aktivitäten bis heute akribisch Protokoll führt (vgl. https://www.milanknizak.com), auf diese Weise die Kontrolle über sein umfangreiches und vielgestaltiges Werk bewahrt und sich damit quasi selbst in die Kunstgeschichte eingeschrieben hat.[10] Im offiziellen tschechischen Kunstbetrieb nach 1990 war Knížák ein institutionell mächtiger Mann. Er fungierte von 1989 bis 1997 als Rektor der Akademie der Bildenden Künste in Prag und von 1999 bis 2011 als Direktor der dortigen Nationalgalerie. Der ehemalige Staatsfeind Milan Knížák wurde nach dem Zusammenbruch des Ostblocks zum Repräsentanten eines neuen Systems, Underground und Establishment gingen nun eine Liaison ein.

10 Siehe auch Milan Knížák: Actions for Which at Least Some Documentation Remains 1965–1995, Prag 2000.

Abb. 4
«Then the lovers stand and kiss.» Milan Knížák und Soňa Švecová: Our Own Wedding Ceremony – Part 2, 1967, Walker Art Center, Minneapolis.

«Marriage Ceremony (1967)
Everyone walks deep into the woods until they come to a clearing. They sit in a circle with the couple in the center.
They are silent. Then the lovers stand and kiss.
They exchange gifts, which must not be bought.
They drink red wine from a goblet. Then everyone drinks red wine. In the center of the circle, they plant a tree, and, in a different place, they light a fire.
Everyone eats, drinks, talks and enjoys themselves together.
Every third year the couple must visit this place on their anniversary. Only the most serious reasons must prevent them from doing so.»[11]

Aber noch einmal zurück zur Vermählungsanzeige auf der Zeitung. Wir wissen nicht, wer bei der Hochzeit von Soňa und Milan eingeladen war, ob die überdruckte Zeitungsseite als Einladung verschickt und wie oft sie gedruckt wurde. Bei der Recherche für diese Miszelle ist ein weiteres Exemplar unter dem Titel *Our Own Wedding Ceremony* in der Sammlung des Walker Art Center in Minneapolis aufgefunden worden,[12] dem der Künstler eine Fotografie des Hochzeitspaares während der *Marriage Ceremony* am Waldrand gemäß der oben zitierten Partitur

11 Die Partituren («Scores») zit. nach: The Fluxus Performance Workbook, herausgegeben von Ken Friedman, Owen Smith und Lauren Sawchyn, Performance Research e-publication 2002, S. 65 f., hier: S. 65.

12 Minneapolis, Walker Art Center, Acc. No. 1989.239.1–3.

beilegte *(Abb. 3)*. Die Ankündigung selbst findet sich hier auf der Seite einer anderen tschechoslowakischen Zeitung *(Abb. 4)*. Als eine dominante Nachricht im großen Wimmelbild einer Zeitung, die jeden Tag eine neue Bühne der Aktualität abbildet, kann die Hochzeitsanzeige als ein Exzerpt des Lebens gelesen werden, das zur Kunst geworden ist. Die Kunstaktion wiederum wird Teil des Lebens, indem sie in die Reihe der berichtenswerten Ereignisse der Zeit aufgenommen wird – wobei sich Leben und Kunst auf dem Bildgrund miteinander vermählen. Vor diesem Hintergrund, der hier im durchschossenen Bleisatz einer Zeitung ganz wörtlich zu verstehen ist, müssen wir Soňas und Milans Hochzeit als Manifestation der unauflöslichen Verbindung von Leben, Kunst und Politik lesen, die damit eine Parole der bewegten Zeit um 1968 auf visuell eindrückliche Weise transportiert: Denn hier sind in einem Zeitbild der Aktualität das Private und das Politische untrennbar miteinander liiert.

Bildnachweis:
Abb. 1: Kunstbibliothek, Staatliche Museen zu Berlin. – Abb. 2: Museum of Modern Art, New York. – Abb. 3 u. 4: Walker Art Center, Minneapolis.

Magdalena Nieslony

Arbeit am polnischen Untergrund-Mythos

Der «Tausendjährige Plan» von Agnieszka Polska

Im Sommer 2021 kommt es im Warschauer Museum für zeitgenössische Kunst zu einer gefährlichen Begegnung. Auf zwei riesigen, einander gegenüberstehenden Projektionswänden laufen in der monumentalen Videoinstallation «Der Tausendjährige Plan»[1] von Agnieszka Polska zwei 28-minütige Filme, deren Handlungen miteinander korrespondieren – mal oberflächlich, mal untergründig *(Abb. 1)*. Auf einer Leinwand erscheinen zwei junge Ingenieure – ein Mann und eine Frau –, die im Auftrag der sozialistischen Regierung dabei sind, eine ländliche Gegend zu erkunden, um deren Elektrifizierung vorzubereiten, während *vis-a-vis* auf der anderen Leinwand zwei konservative Partisanen zu sehen sind, die seit dem Ende des Zweiten Weltkriegs in den Wäldern verharren und auf den Ausbruch eines neuen Krieges warten, der das Land von eben jenem kommunistischen «Besatzungsregime» befreien sollte, dem die jungen Ingenieure zuarbeiten *(Abb. 2 und 3)*. Die Handlungen auf den jeweiligen Leinwänden sind trotz aller Kargheit der Erzählung effektvoll in Szene gesetzt: Wir sehen die Frau und die Männer durch die Landschaft streifen, das Land vermessen, eine Radiowelle su-

1 Der polnische Titel «Plan Tysiącletni» kann auch als «Der Tausendjahresplan» übersetzt werden. Die in diesem Text verwendete Übersetzung ist offener für totalitäre Echoräume, da sie nicht nur die Fünf- und Sechsjahrespläne der sozialistischen Marktwirtschaft berücksichtigt, sondern auch das «Tausendjährige Reich» der Bibel und der nationalsozialistischen Ideologie, die im polnischen Original mitschwingen.

chen und hören ihren Gesprächen zu. Schließlich stehen sich die zwei ungleichen Paare unerwartet gegenüber, getrennt nur durch den abgedunkelten Ausstellungsraum, in dem die Betrachtenden zu Zeugen einer Begegnung werden und sich auf einmal mitten zwischen den Fronten befinden. Der Erzählbogen der beiden Filme unterbricht an dieser Stelle und lässt den Ausgang der Konfrontation offen.

Der Plot der beiden Filme ist in den fünfziger Jahren situiert, wirft aber ein Echo in die polarisierte Gesellschaft der polnischen Jetztzeit, wo die sogenannten «verstoßenen Soldaten» in den Auseinandersetzungen um ein neues polnisches Geschichtsbild ideologisch instrumentalisiert werden. «Der Tausendjährige Plan», in dessen Zentrum der technische Fortschritt und die Elektrifizierung Polens stehen, dient in diesem Essay als Spiegel, um zeitgenössische Mythisierungen des militärischen Untergrundes zu hinterfragen und zugleich aktuelle Strömungen in der zeitgenössischen polnischen Kunst mit wenigen Strichen zu kartographieren.

Abb. 1
Agnieszka Polska: Der Tausendjährige Plan, 2021, 2-Kanal-Videoinstallation, 28 Min., Farbe, Ton, Installationsansicht im Muzeum Sztuki Nowoczesnej in Warschau, 2. Juli–19. September 2021, Foto: Daniel Chrobak.

Abb. 2
Ingenieure. Standbild aus Agnieszka Polska: Der Tausendjährige Plan, 2021, Foto: Daniel Chrobak.

Abb. 3
Partisanen. Standbild aus Agnieszka Polska: Der Tausendjährige Plan, 2021, Foto: Daniel Chrobak.

Mythisierung des «verstoßenen Soldaten»

Die Rückkehr des «verstoßenen Soldaten» auf die öffentliche Bühne – in die Geschichtsbücher, intellektuellen Debatten und in deren Folge auch in die Ausstellungen und Museen – ist unmittelbar verbunden mit dem Zusammenbruch der Sowjetunion und der Implosion der bisherigen antifaschistischen Rahmenerzählung der Befreiung Europas durch die russische «Siegermacht». Im Zuge der Emanzipation von sozialistischen Verzerrungen wurde das Augenmerk in Polen nach 1990 verstärkt auf die nationale Geschichtsschreibung gerichtet und die «weißen Flecken» der bisherigen Narrative ausgeleuchtet.[2] Einen zentralen Platz in dieser Geschichtsrevision nahm dabei der militärische Untergrund *(podziemie zbrojne; podziemie niepodległościowe)* ein, der auch nach 1945 weiter für die Unabhängigkeit Polens von der Sowjetunion kämpfte. Die Geschichte der sogenannten «verstoßenen Soldaten» *(żołnierze wyklęci)* dieses Untergrunds konnte nach dem Ende des Staatssozialismus nun erstmals erzählt werden.[3] Aber auch an weniger «heroische» Momente der polnischen Nation wurde wieder erinnert, vor allem an den Antisemitismus und die Verbrechen, die einige Polen an ihren jüdischen Mitbürgern in der Zeit der deutschen Besatzung verübt hatten.[4] Diese kritische Selbstbefragung der polnischen Geschichte des 20. Jahrhunderts stieß in nationalistischen Kreisen auf erheblichen Widerstand und wurde sogleich als Verkehrung der Schuldfrage denunziert. In der Regierungszeit der nationalkonservativen Partei «Recht und Gerechtigkeit» (Prawo i Sprawiedliwość, kurz: PiS; 2005–2007 und 2015–2023) war Kulturpolitik ein zentraler Kampfplatz der Indoktrinierung. Die PiS wachte über die «kulturelle Hegemonie» (Antonio Gramsci) und nahm mit ihren Parteigängern starken Einfluss auf die Darstellung der nationalen Geschichte in Forschung und in Museumspräsentationen.[5] Zunehmend infiltrierte PiS auch den Kunstsektor und kontrollierte diesen immer stärker mittels Neubesetzung von institutionellen Schlüsselpositionen.[6]

2 Vgl. Magdalena Urbańska: Filmowe zarządzanie pamięcią. Kino polskie 2005–2020 o historii najnowszej, Kraków 2022, S. 108–119.

3 Die Bezeichnung «verstoßene Soldaten» ist neueren Datums und wegen ihrer emotionalisierenden Implikationen umstritten, weswegen einige Historiker den sachlicheren Begriff «militärischer Untergrund» bevorzugen. Zur Geschichte der Bezeichnung «verstoßene Soldaten» und zur Mythisierung des historischen Phänomens siehe Rafał Wnuk: Wokół mitu «żołnierzy wyklętych», in: Przegląd Polityczny, Nr. 135, 2016. Wnuk plädiert für die Bezeichnung «Soldaten des antikommunistischen Untergrunds» («żołnierze antykomunistycznego podziemia»). Zur weltanschaulichen Vielfalt des militärischen Untergrunds siehe: Sławomir Poleszak u. a. (Hg.): Atlas polskiego podziemia niepodległościowego 1944–1956, Lublin/Warszawa 2020.

4 Vgl. Jan Tomasz Gross: Sąsiedzi. Historia zagłady żydowskiego miasteczka,. Dejny 2000 (dt.: Nachbarn. Der Mord an den Juden von Jedwabne, München 2001).

5 Siehe etwa: Florian Peters: Patriotische Geschichtsschreibung im Staatsauftrag. Polens neue Rechtsregierung bricht mit der historischen Legitimation des Neuanfangs von 1989, in: Zeitgeschichte-online, Mai 2016, https://zeitgeschichteonline.de/themen/patriotische-geschichtsschreibung-im-staatsauftrag.

Abb. 4
Rechte Inhalte, progressive Signale: Ansicht der Ausstellung «Historiofilia. Sztuka i polska pamięć».

Historiophilie: Kritik der Kritik

Ein besonderer Moment in der konservativen «Kunstwende» Polens kam dabei 2017 in Warschau der Ausstellung «Historiophilie. Kunst und polnische Erinnerung» *(Historiofilia. Sztuka i polska pamięć)* zu. Sie wurde von Piotr Bernatowicz kuratiert und kann als eine historische Ausbuchstabierung der neuen nationalistischen Agenda angesehen werden.[7] Was im Saalaufbau der Ausstellung sofort ins Auge sprang, war ein weitgehender Verzicht auf die zu erwartende traditionalistische Ästhetik *(Abb. 4)*. Ein paar Gemälde waren zu sehen, ansonsten dominierten in der

Schau neue Gattungen und Medien, die in der konservativen polnischen Kunstkritik zuvor wenig Gnade fanden: großformatige Installationen, Objekte, Fotos und Videos. Bernatowicz und nationalkonservative Kunstschaffende bemächtigten sich also gezielt einer Formensprache und visuellen Rhetorik, die ein «progressives» Signal in die intellektuelle Öffentlichkeit ausstrahlte und bisher mit der sogenannten «Kritischen Kunst» verbunden wurde.[8]

Schon der Titel «Historiophilie» legt ein kritisches Ethos nahe: Es gilt, die vermeintliche Historiophobie der «Kritischen Kunst» zu überwinden. Zwar wurde im Titel der Ausstellung ein zustimmend «unkritisches» Verhältnis zur Geschichte für sich in Anspruch genommen; aber eben genau diese «Historiophilie» wollte nun ihrerseits gleichzeitig als Korrektiv zur «Historiophobie» der «Kritischen Kunst» verstanden werden, die einen ungeschönten Blick auf nationale Geschichtskonstruktionen geworfen hatte. Zählt man allein die vielen «märtyrologischen» Bildmotive der Exponate, durchwirkt die Ausstellung die Botschaft, das im Untertitel angedeutete «polnische Gedächtnis» ankere exklusiv bei denen, die im Kampf für die nationale Unabhängigkeit des Vaterlandes ihr Leben geopfert haben – allen voran den «verstoßenen Soldaten» aus dem Untergrund.[9] Die reduzierte Formensprache und die Wahl der Rauminstallation als Medium unterstreichen, wie die Ausstellungsmacher die «progressiven» künstlerischen Medien der Kritik für eine konservative «Anti-Kritik» usurpiert haben.

Besonders deutlich wird das in einer Installation von Jacek Adamas, in der die weiß-rote Flagge der polnischen Nation auf der einen Seite des Raumes wie ein großer Trauerflor ausgeflaggt ist, um den Ausstellungsraum mithilfe ihrer Positionierung und Aufschrift zum «Raum für die verstoßenen Armeen» zu deklarieren. Die Arbeit demonstriert das «Partisanen»-Sujet somit noch einmal in der künstlerischen Praxis: Der Künstler sampelt hier Requisiten einer älteren politischen Aktion von 2014, in der er gegen das Denkmal eines sowjetischen Generals protestierte, der für den Tod von polnischen Partisanen verantwortlich gemacht wird.[10] Den kritischen Impetus dieser Protestaktion reaktiviert die Installation, indem sie den institutionellen Raum buchstäb-

6 Magdalena Nieslony: Curating in Post-Socialism. Critical Art, Critical Museum and their Right-Wing Conservative Appropriation in Contemporary Poland, in: Curating in the Post-Global, herausgegeben von Ilaria Hoppe und Maximilian Lehner (i. E.).

7 Die Ausstellung wurde vom staatlichen Nationalen Kulturzentrum (Narodowe Centrum Kultury) finanziert und fand vom 20. Mai bis zum 6. August 2017 in der Alten Wissenschaftlich-Technischen Druckerei statt.

8 Zur Einführung siehe Izabela Kowalczyk: Critical Art. Selected Issues, November 2006, https://culture.pl/en/article/critical-art-selected-issues (Zugriff: 28.01.2024).

9 Die «verstoßenen Soldaten» werden seit 2011 am 1. März mit einem Nationalfeiertag geehrt. Beschlossen wurde es also noch vor dem Regierungsantritt der PiS und mit einer die Parteipolitik übergreifenden parlamentarischen Mehrheit. Seitdem wurden die Untergrundsoldaten aber politisch von dem rechten Lager für deren Interessen angeeignet. Wnuk: Wokół mitu. Sichtbar wird dies an den regelmäßigen rechtsradikalen Aufmärschen, die am 1. März stattfinden und zu deren Galionsfiguren die bekanntesten der «verstoßenen Soldaten» avanciert sind.

lich besetzt und neu definiert, mithin die avantgardistische Institutionskritik für sich in Anspruch nimmt. Solche «Raumgewinne» zeigen, dass sich die alten Fronten von «Kritik» und «Reaktion», «Moderne» und «Konservativismus» längst verwischt haben. Unter der Fahne der «Historiophilie» und «Progressivität» wurde eine neue nationale Kulturagenda verkündet, um zugleich bewusst einen alten weltanschaulichen Hybrid aus der Zwischenkriegszeit, die «Konservative Avantgarde», zu institutionalisieren.[11]

Erzählkino: Arbeit am Mythos

Der «verstoßene Soldat» aus dem polnischen Untergrund begegnet uns nicht nur in Ausstellungen ambitionierter rechts-konservativer Kuratoren und Künstler, sondern behauptet längst einen festen Platz in neuen populären Kino- und Fernsehfilmen. Vor allem zwei Produktionen müssen hier genannt werden: «Geschichte des Roj» *(Historia Roja)* und «Der Verstoßene» *(Wyklęty)*.[12] Magdalena Urbańska hat gezeigt, wie sie die historischen Themen für gegenwärtige politische Konflikte aktualisieren.[13] Nach Urbańska ist im rechten Imaginarium der «verstoßene Soldat» dabei, den Warschauer Aufständischen als die bisherige Leitfigur einer polnischen Nationalgeschichte den Rang streitig zu machen:

> «In den Filmen über die verstoßenen Soldaten vermischen sich zwei Sphären: die mythologische, mit deren Hilfe Werte geschaffen werden, um patriotische Gefühle zu wecken, und die politische, die stark in ihre Aktualisierung heikler politischer Bedürfnisse eingetaucht ist. Die Vertreter des antikommunistischen Untergrunds streben danach, zur Grundlage eines neuen Mythos zu werden, einer alternativen Figur des Warschauer Aufständischen [...]. Während das Bild des Aufständischen immer vielschichtiger wird, sind die verstoßenen Soldaten eine Figur, die sich eindeutig auf Symbole bezieht, die für das zeitgenössische konservative Denken charakteristisch sind.»[14]

Die Filme tragen so wenig zur Historisierung eines vergessenen Kapitels polnischer «Befreiungsgeschichte» bei, sondern

10 Siehe «Najazd Rosjan na Pieniężno», debata.olsztyn.pl, 18. Februar 2014: https://www.debata.olsztyn.pl/wiadomoci/region/3155-najazd-rosjan-na-pieniezno-kafelek.html.

11 Siehe dazu Nieslony: Curating in Post-Socialism.

12 «Historia Roja» – Regie: Jerzy Zalewski, 2016; «Wyklęty» – Regie: Konrad Łęcki, 2017.

13 Urbańska: Filmowe zarządzanie, S. 95–100.

14 Ebd., S. 100 f.

übergipfeln Geschichte mit politischer Theologie. Mit historischer Wirklichkeit haben diese quasimythischen, idealisierten Helden aus dem Untergrund dabei wenig zu tun, was insofern erstaunt, als die Propagandisten des neuen «Kinos der nationalen Erinnerung»[15] für sich selbst in Anspruch nehmen, ein ungeschöntes, «wahrhaftiges» Bild von der Geschichte zu zeigen und die Revision historischen Vergessens zu proklamieren. Dieses nationale Erzählkino scheint auf der einen Seite nur das «Eigene», «Gute» und «Christliche», auf der anderen Seite nur das «Fremde», «Böse» sowie «Antichristliche» zu kennen. Beide Filme dulden keine Irritationen am ideologischen Weltbild und sind wenig interessiert, historische Charaktere in ihren Brüchen und auch Widersprüchlichkeiten aufzuzeigen. So wenig lebensnah und zweideutig die «bösen» Kommunisten gezeichnet werden, so unzweideutig werden die Untergrundsoldaten als die neuen nationalen Heiligenfiguren ins Licht gesetzt.[16] Urbańska weist zu Recht darauf hin, dass es gerade die stereotype Darstellung und politische Indienstnahme der «verstoßenen Soldaten» seitens rechter Kulturkämpfer ist, die es verhindern, dass der antikommunistische Widerstand zu einem gesellschaftlich breit akzeptierten, die ideologischen Lager umspannenden und damit tatsächlich nationalen und nicht nur partikularen Mythos wird.[17] Die «Geschichte des Roj» und «Der Verstoßene» zeigen dabei, wie Elżbieta Durys konstatierte, redundante Erzählmuster und Darstellungsformen: Ganz unberührt von den Widrigkeiten im Untergrund, tragen die «verstoßenen Soldaten» in den Filmen meistens schneeweiße Hemden – nichts soll die «Reinheit» des nationalen «Widerstands» beflecken. Was sich nicht ins vorsortierte Bild einfügt, wird retuschiert. Die Frauen in den Filmen passen entweder ins Rollenfach der «patriotischen Mutter», oder sie werden als «verschlagene» Kommunistinnen vorgeführt.[18]

Das neue Filmgenre über den antikommunistischen Untergrund setzt so weniger ein lang vergessenes Kapitel polnischen antikommunistischen Widerstands neu ins Licht, als dass es historische Figuren als identitätspolitische Schablonen für die Symbolpolitik des Tages benutzt. So wird nicht nur Geschichte verkitscht, sondern diese Filme zementieren auch die sozialen Vorurteile und Ressentiments in der Jetztzeit.

15 Den Begriff «Kino der nationalen Erinnerung» verwendet Witold Mrozek: Film pamięci narodowej. Najnowsze kino polskie w dyskursie polityki historycznej, in: Kino polskie jako kino narodowe, herausgegeben von Tadeusz Lubelski und Maciej Stroiński, Kraków 2009, S. 295–320.

16 Ebd., S. 104 f.

17 Urbańska: Filmowe zarządzanie, S. 100.

18 Elżbieta Durys: Żołnierze wyklęci i polskie współczesne kino historyczne, in: Popkulturowe formy pamięci, herausgegeben von Sławomir Buryła/Lidia Gąsowska/Danuta Ossowska, Warszawa 2018, S. 197–215, hier besonders S. 204 f.

Überwältigungsästhetik im Dienst historischer Kritik

Zurück zur Ausgangsszene und zum «Tausendjährigen Plan»: Agnieszka Polska hält sowohl Distanz zu den Selbstgewissheiten einer «Kritischen Kunst» wie auch zu einer in der Formensprache und Gestik untergründig verwandten konservativen «Anti-Kritik», die uns in der «Historiophilie»-Ausstellung begegnet ist. Sie positioniert sich auch außerhalb der rechtskonservativen Tendenzen im Kino der nationalen Erinnerung. Diese Äquidistanz und ein waches Sensorium für die polarisierte polnische Gesellschaft erlauben es der Künstlerin, die blinden Flecken ideologischer Behauptungen auszuleuchten und Mythenbildungen zu umgehen. Denn auch der linksliberal ausgerichtete Kunstbetrieb nach 1989 – wie schon die früheren Avantgarden – kreierte eigene Heldenerzählungen und ein massenmediales Image des Nonkonformen,[19] das die «Kritische Kunst» so attraktiv als Anknüpfungspunkt und als polemischer Spielball für eine «konservative Avantgarde» macht, die sich selbst «kritischer» als die «Kritische Kunst» gibt.

«Der Tausendjährige Plan» eignet sich eine kinematographische, massenmedial geprägte Formensprache an und setzt somit auf einen Bilderstrom, der dem neuen populären Erzählkino dabei gar nicht so unverwandt ist. Im Kontrast zur spröden Ästhetik der «Kritischen Kunst», aber auch zu der von Ressentiments «ätzenden», sich neu formierenden «konservativen Avantgarde» sind die filmischen Bilder Polskas ostentativ schön und erhaben. Sie streifen nicht selten die Grenze zum Sentimentalen und manipulieren mithilfe der affektiven Macht der Musik gekonnt die emotionalen Reaktionen des Publikums. Die Arbeit beginnt mit idyllischen, von Filmmusik begleiteten Naturaufnahmen; nach einer ersten Spielfilmsequenz untermalt ein hymnischer Gesang das abstrakte Bild des elektrischen Stroms. Eine Weile später folgt eine Reihe erhabener, visuell verfremdeter Aufnahmen von Metropolen und Landschaften, untermalt durch Reflexionen der Protagonisten über die Zukunft in einer elektrifizierten Welt; und zum Schluss, nach der «gefährlichen Begegnung», sehen wir Nahaufnahmen von Gesichtern, die von Stromlinien durchzogen sind. Diese längste Sequenz des Films wird durch eine Filmmusik begleitet, die eines Hollywood-Melodrams würdig wäre.

19 Künstlerinnen wie Katarzyna Kozyra oder Dorota Nieznalska wurden wegen ihrer als Provokation verstandenen engagierten Kunst in den Massenmedien moralisch diskreditiert und im Fall von Nieznalska sogar juristisch verfolgt. Vgl. Jakub Dąbrowski und Anna Demenko: Censorship in Polish Art after 1989: Art, Law, Politics, Oakville 2019.

Sie endet mit dem Raunen einer geisterhaft vor sich hin spukenden Elektrizität. Geschickt spielt Polska auf der Klaviatur aller Affekte. Ihre Bilder und ihre Musik umhüllen das Publikum und arbeiten multisensorisch darauf hin, ein breites Publikum zu gewinnen. Mal schmeicheln sie den Sinnen, mal fesseln sie die Aufmerksamkeit durch Spannung und verführen auf diese Weise dazu, im Ausstellungsraum zu verweilen und sich auch auf die retardierenden, symbolischen Sequenzen einzulassen, mit denen die Filmnarration immer wieder durchbrochen wird. Polska hat in einem Interview erläutert, dass ihre künstlerische Praxis der Immersion an religiöse Praktiken erinnern soll, um ihr – in Polen meist katholisches – Zielpublikum zu überwältigen:

«I've started to perceive ‹immersion› itself as political potential of sorts. It is because it provides the possibility of creating an environment [...] one can encounter in the church. Where [the holy] mass becomes a combination of sounds and vocal monotony. I imagine a situation when an audience, after having visited a contemporary art exhibition, will no longer feel the need to go to a temple of an organized religion.»[20]

Die hier angesprochene Überwältigungsästhetik ist auch der politischen Propaganda und ökonomischen Produktwerbung nicht fremd, die sich ebenfalls der Anziehungskraft des Schönen und der Faszination des Erhabenen bedienen. Der Unterschied zu diesen Suggestivmedien besteht nun darin, dass Polska die Betrachtenden von nichts überzeugen will – oder genauer: keine ideologische Botschaft, keine Message hat, sondern nur die Aufmerksamkeit und Neugier schärfen möchte für das Eigenrecht anderer Perspektiven, für Muster der Polarisierung und für den öffentlichen Raum als stete Arena der Mehrdeutigkeit. Das Werk stellt sich so selbst als Stilmix aus Mainstream- und Experimentalfilm, Körperkunst und kulturindustriell produzierten Sirenengesängen dar, um in dieser kalkulierten ästhetischen Mischung möglichst viele Besucher zu erreichen – jung wie alt, links wie rechts, Akademiker wie Laien, Ingenieure wie Soldaten (usw.). Der Ausstellungsraum zwischen den beiden Videoscreens wird zu einem physischen Ort der Begegnung, in der sich eben nicht

20 Dorian Batycka: Art Instead of Religion, Galleries Instead of Temples. Agnieszka Polska in Conversation, in: Blok, 4 February 2018 (https://blokmagazine.com/art-instead-of-religion-galleries-instead-of-temples-agnieszka-polska-in-conversation).

nur wie in einem linksliberalen *safe space* die Parteigänger der eigenen Gesinnung, sondern auch das Gegenlager finden soll und die gefährliche Konfrontation aus dem Film sich so auch noch einmal im Querschnitt einer polarisierten Gesellschaft spiegelt. Der Raum zwischen den Leinwänden ist bei Polska konstruiert als der heikle Begegnungsraum, in dem die polarisierte Gesellschaft sich in das Gesicht blickt. Anders als im Erzählkino der «nationalen Erinnerung» obliegt es hier dem Publikum zu entscheiden, wie das filmische Zusammentreffen der agonalen Paare enden soll. Darin liegt ein politisches Moment der Installation: In einer Welt ideologischer Echokammern werden Spielräume für eine eigene Entscheidung wieder eröffnet.

Zur Offenheit trägt nicht nur die räumlich, symmetrisch geordnete Anlage der Installation bei, in der die Ingenieure wie die Partisanen gleichwertige Positionen zugewiesen bekommen, sondern vor allem die nuancierte Darstellung der beiden Paare. Die antikommunistischen Partisanen werden hier entmystifiziert. Wir sehen zwei Männer, die miteinander hadern, sich gegenseitig Faulheit vorwerfen und deren Weste auch nicht so «weiß» und «rein» scheint – wie aus den Gesprächen herauszuhören ist, waren die Kämpfer doch an Mordtaten an ethnischen Minderheiten beteiligt (über die die neuen populären Heldengeschichten der «verstoßenen Soldaten» sich ansonsten natürlich ausschweigen). Die beiden Partisanen sind in Polskas Installation zwei müde Männer, ihr Leben ist eintönig und voller Entbehrungen; von der Romantik des Untergrunds bleibt wenig übrig.

Aber genauso wenig werden bei Polska die Ingenieure in ein helles Licht gesetzt. Der Mann wird als ein Mitläufer gezeichnet, der den Parteidirektiven blindlings folgt und Fehler in der Planung des Stromnetzes unverantwortlich in Kauf nimmt. Dabei hat der Ingenieur als Demiurg und Gestalter der sozialistischen Zukunft ähnliche Heilserwartungen auf der linken Seite der Geschichte erweckt wie die «verstoßenen Soldaten» auf der rechten Seite. Im russischen Konstruktivismus der 1920er Jahre konnte die Figur des Ingenieurs bzw. Konstrukteurs gar zum Vorbild für den Künstler avancieren.[21] Mit ihren subtilen ästhetischen Störmanövern kratzt Polska auch an diesem Mythos und kreiert keine rein fortschrittliche Heldenerzählung.

21 Maria Gough: The Artist as Producer. Russian Constructivism in Revolution, Berkeley 2005.

Die nuancierte Darstellung der Protagonisten wird besonders deutlich in der allegorischen Schlüsselstelle des «Tausendjährigen Plans», in der die Ingenieurin und einer der «verstoßenen Soldaten» vom gleichen rätselhaften Traum heimgesucht werden. Die Figuren sind sich nicht zufällig wie aus dem Gesicht geschnitten, werden sie doch von einem Geschwisterpaar gespielt. Die Ingenieurin, die den symbolischen Namen Wiktoria trägt, wird von Jaśmina Polak verkörpert, während der dunkelhaarige Partisan mit dem schlicht-freundlichen Vornamen Jasiek von ihrem Bruder Piotr Polak gespielt wird.[22] Der «Feind», der der Ingenieurin in der Konfrontationsszene ins Gesicht schaut, ist so realiter die zum Partisanen mutierte Bruder-Gestalt. Auch diese

22 https://artmuseum.pl/pl/wystawy/plan-tysiacletni/2.

Abb. 5 und 6: Universalismus der Elektrifizierung: Standbilder aus Agnieszka Polska: Der Tausendjährige Plan, 2021, Fotos: Daniel Chrobak.

untergründigen Verwandtschaftslinien setzt Agnieszka Polska kalkuliert ein und betont die Gemeinsamkeit aller Protagonisten: Gleicher Strom fließt durch alle Gesichter in der letzten Sequenz, und alle eint das Engagement für die Gestaltung ihres Landes *(Abb. 5 und 6)*.

In ihrem Traum sehen die beiden einen Vogel, der auf dem Telegraphendraht sitzend zwar das im Kabel fließende Signal verspürt, dessen Botschaft aber nicht entziffern kann *(Abb. 7)*. Der Vogel, der in den beiden Filmen immer wieder auftaucht, und auch als Plakatmotiv für die Ausstellung verwendet wird, ist ein altes Bild für die Seele – in Polskas Werk über die Elektrifizierung zeichnet sich diese dadurch aus, dass sie ihre technisch über-

Abb. 7
«The bird cannot understand the information flowing through the wire.» Standbild aus Agnieszka Polska: Der Tausendjährige Plan, 2021, Foto: Daniel Chrobak.

formte Umwelt nicht versteht. Die beiden seelenverwandten Träumenden verkörpern so die Hoffnung auf Verständigung über die ideologischen Lager hinweg, gerade weil sie gegen die «Vereindeutigung» der Welt die je eigenen Grenzen des Verstehens in ihrem Traum und in dessen Erinnerung reflektieren.

Bildnachweis:
Abb. 1: https://artmuseum.pl/pl/doc/agnieszka-polska-3/8. – Abb. 2: https://artmuseum.pl/pl/doc/agnieszka-polska-3/13. – Abb. 3: https://artmuseum.pl/pl/doc/agnieszka-polska-3/12. – Abb. 4: https://www.dwutygodnik.com/artykul/7278-polskosc-i-jej-sobowtory.html. – Abb. 5: https://artmuseum.pl/pl/doc/agnieszka-polska-3/11. – Abb. 6: https://artmuseum.pl/pl/doc/agnieszka-polska-3/9. – Abb. 7: https://artmuseum.pl/pl/doc/agnieszka-polska-3/3.

Hanno Hochmuth

Auf der Suche nach der Szene vom Prenzlauer Berg

Mein Vater stand auf dem Balkon und blickte bange auf die Straße. Unten auf der Greifswalder Straße zog ein Demonstrationszug Richtung Alexanderplatz. Es war eine der Montagsdemonstrationen im Herbst 1989. Dass der Umbruch als «Friedliche Revolution» in die Geschichte eingehen sollte, konnte mein Vater noch nicht wissen. Der fast sechzigjährige SED-Funktionär und Hochschullehrer sah sein Lebenswerk dahinschwinden. Mehr noch: Er hatte Angst. Nie werde ich vergessen, wie er auf dem Balkon sagte: «Wenn das so weitergeht, kann ich mich aufhängen.» Weinend zog ich mich in mein Kinderzimmer zurück. Ich war zwölf Jahre alt und während ich ein Teenager wurde, veränderte sich um mich herum meine ganze Lebenswelt.[1]

Prenzlauer Berg war so etwas wie das Epizentrum des Umbruchs. Die alten Mietskasernen boten Nischen für ein nonkonformes Leben. In diesem Bezirk wohnten die meisten Bürgerrechtler, die auf die Straße gingen und das Neue Forum gründeten. Hier stand die Gethsemanekirche, in der Mahnwachen für politische Gefangene abgehalten wurden. Und hier öffneten sich am Grenzübergang Bornholmer Straße in der Nacht vom 9. November 1989 die ersten Schlagbäume der Berliner Mauer. All das geschah unmittelbar in meiner Nachbarschaft und prägte nachhaltig den Ruf des Viertels als Hort des Widerstands in der DDR, in dem bärtige Bürgerrechtler und kreative Künstler das SED-Regime mit friedlichen Mitteln in die Knie zwangen.

Diese Prenzlauer Berger «Szene» hatte mit meiner eigenen Lebenswirklichkeit in den 1980er Jahren jedoch nicht viel gemein. In unserem Haus in der Pasteurstraße lebten keine Künstler und Oppositionellen. Vielmehr wies die alte Mietskaserne im gründerzeitlichen Bötzowviertel die typische heterogene Bevölkerungsmischung auf, die den Bezirk in der späten DDR-Zeit ausmachte. Da waren zunächst die zahlreichen Witwen, deren Männer im Zweiten Weltkrieg gefallen waren. Bei uns im Haus wohnten gleich drei solche alleinstehenden alten Frauen. Auf jedem Treppenabsatz stand ein Stuhl, damit sie sich beim mühevollen Treppenaufstieg kurz ausruhen konnten. Ich fürchtete mich vor manchen der alten Frauen, weil sie immer mit mir schimpften, wenn ich mit Knallplätzchenpistolen im Hinterhof spielte. Das Kinderspiel erinnerte sie an das Kriegsende in Berlin, das sie 1945 miterlebt hatten.

Dann war da der alte Herr Johl im ersten Stock. Er war zu DDR-Zeiten ein König, denn er besaß einen eigenen Handwerksbetrieb, den er erfolgreich vor der Kollektivierung bewahrt hatte. Der Klempnermeister konnte sich damals fast alles leisten. Er fuhr einen riesigen sowjetischen Straßenkreuzer, für den er stets einen Parkplatz fand, und besaß ein Motorboot in Schmöckwitz. Dort verbrachte er mit seiner Frau die Wochenenden, ehe sie dement und er einsam wurde. In unserem Haus lebten auch einige einfache Arbeiter, die einen Blaumann trugen und in den Ost-Berliner Großbetrieben tätig waren. Sie kamen oft lautstark nach Hause, nachdem sie in den benachbarten Eckkneipen gesoffen hatten. Einmal lag einer von ihnen blutüberströmt im Treppenhaus, weil er von einem Kneipenkumpan niedergestochen worden war. Der Mann überlebte und soff weiter.

Und schließlich wohnte in unserem Haus die sogenannte Intelligenz, die die großen Altbauwohnungen mochte und die direkte Anbindung ans Ost-Berliner Zentrum schätzte. Vom Bötzowviertel fuhren mehrere Buslinien geradewegs zu den Ministerien und Akademien in Berlin-Mitte. Deshalb war unser Kiez bei der DDR-Funktionselite besonders beliebt. Zu dieser Intelligenz gehörten auch meine Eltern. Mein Vater stammte zwar aus einfachsten Verhältnissen, verdankte dem SED-Regime aber seinen steilen sozialen Aufstieg, den er mit vielen Angehörigen seiner Generation teilte und mit Systemloyalität zurückzahlte. Er schaffte es bis zum Abteilungsleiter für Kultur im Zentralkomitee und wurde später zum Professor für Kulturwissenschaften an der Ost-Berliner Humboldt-Universität ernannt. Meine Mutter arbeitete als Sprachheilwissenschaftlerin an der Charité. Sie wohnte schon ihr ganzes Leben in unserem Haus.

Mit der oppositionellen Szene in Prenzlauer Berg hatten wir nicht viel zu tun. Es gab jedoch einen Berührungspunkt: Kurz vor dem Umbruch von 1989 besuchte ich etwa ein Jahr lang den Kunstzirkel von Karla Sachse. Mein Vater hatte sie im Klub der Kulturschaffenden kennengelernt, wo die freischaffende Künstlerin die Kinderbetreuung übernahm. Weil ich gerne zeichnete, fragte er sie, ob ich bei ihrem Kunstzirkel mitmachen könne, den sie seit 1984 in ihrem Atelier in der Göhrener Straße unterhielt. Karla Sachse war 1969 aus dem Erzgebirge zum Kunststudium an die Humboldt-Universität gekommen, wo sie im Bereich Kunsterziehung auch promoviert wurde. Mit ihrem Ansatz, Heranwachsenden künstlerische Instrumente an die Hand zu geben, um sich selber auszudrücken, geriet sie in Gegensatz zur herrschenden Doktrin des Kunstunterrichts in der DDR. Nach einer Tätigkeit im Kreiskulturhaus Lichtenberg gestaltete sie Bauzäune und U-Bahnhöfe in Ost-Berlin, um nicht als Lehrerin arbeiten zu müssen. Seit 1981 war sie freischaffend und bestritt unter anderem mit Kinderbetreuungen und Kunstzirkeln ihren Lebensunterhalt. Dazu brauchte es damals nicht viel, denn die Miete betrug nur 47 Mark. Sie wollte ein Leben ohne Angst führen und nutzte die Nischen, die sie in Prenzlauer Berg fand.

In ihrem Kunstzirkel war ich der einzige Junge. Die sieben Mädchen, die bereits seit mehreren Jahren jeden Dienstagnachmittag zu Karla Sachse gingen, waren ganz anders als ich und interessierten sich für andere Dinge. Zu meiner Enttäuschung lernten wir nicht zu zeichnen, sondern experimentierten mit ungewöhnlichen Techniken. Wir formten Tiere aus Altpapier und Tapetenkleister und fertigten abstrakte Linoldrucke an. Und während wir bei ihr im Atelier saßen und bastelten, sprachen Karla Sachse und die Mädchen über die Dinge, die ich nicht verstand. Es ging um Meinungsfreiheit und Mahnwachen. Das kannte ich weder aus der Schule noch aus meinem Elternhaus. Ich wusste aber, dass das bestimmt nicht im Sinne meines Vaters war. Und weil ich dienstagnachmittags eigentlich viel lieber die Fernsehsendung «Spaß am Dienstag» im ZDF gucken wollte, als zum Kunstzirkel zu gehen, erzählte ich meinem Vater von den komischen Gesprächen bei Karla Sachse und erreichte damit, was ich wollte: Westfernsehen statt Widerstand.

Heute ist mir diese kindliche Denunziation peinlich. Ich hoffe, dass die Geschichte damals für Karla Sachse keine Konsequenzen hatte, aber genau kann sie es mir nicht sagen, weil sie nach der «Wende» keine Einsicht in ihre Stasi-Akten nehmen wollte. Anders als viele der Künstler, mit denen sie über die Prenzlauer Berger Künstlerkreise verbunden war, wollte sie nicht wissen, wer sie bespitzelt hatte, um nicht enttäuscht zu werden. Viele Freunde von ihr kamen mit dem Wissen vom Verrat nicht klar. Und viele Künstler scheiterten nach 1990, weil sie nun zwar in Freiheit lebten, aber nicht von ihrer Kunst leben konnten. Unter den Künstlern vom Prenzlauer Berg brach die schiere Existenzangst aus. Die meisten haben den Bezirk verlassen und arbeiten längst nicht mehr als Künstler. Karla Sachse ging jedoch einen anderen Weg, indem sie die Kurt-Schwitters-Schule begründete und 1993 schließlich doch noch festangestellte Kunstlehrerin wurde. Als einige der wenigen oppositionellen Künstlerinnen lebt sie noch immer in Prenzlauer Berg.

Szenenwechsel: Ich sitze mit Marion Brasch im Café «Kaffe» in der Immanuelkirchstraße. Die Moderatorin und Autorin lebt seit 1984 in Prenzlauer Berg. In ihrem autobiografischen Roman *Ab jetzt ist Ruhe* beschreibt sie, wie sie als junge Schriftsetzerin schon 1980 in die Lychener Straße ziehen wollte, wo sie eine leerstehende Wohnung aufgespürt hatte, was damals eine verbreitete Praxis war.[2] Doch ihr Vater, der Parteifunktionär Horst Brasch, meinte beim Anblick der heruntergekommenen Altbauwohnung, so könne man nicht leben, und besorgte ihr eine Neubauwohnung in Marzahn. Marion Brasch tauschte diese Wohnung jedoch sofort gegen eine andere Altbauwohnung und gelangte auf diese Weise doch noch nach Prenzlauer Berg, wo ihre Brüder und ihre Freunde lebten. Der Bezirk war für sie ein Sehnsuchtsort.

Anders als heute gab es damals keine Straßenkultur in Prenzlauer Berg. Das Leben spielte sich weitgehend in den Wohnungen ab, wie sich Marion Brasch erinnert. Manche Wohnungen besaßen sogar offene Türen, an denen auch außen Klinken angebracht waren. Und wenn man jemanden nicht antraf, hinterließ man eine Nachricht auf einer papierenen Kassenrolle, die es an fast allen Wohnungstüren gab. In den Wohnungen trafen sich die Künstler, Dichter und Fotografen der Prenzlauer-Berg-«Szene», wie es damals hieß. Kein Mensch wäre auf die Idee gekommen, von einer Prenzlauer-Berg-Bohème zu sprechen. Auch Marion Brasch wollte gerne ein Teil der «Szene» sein. Sie hatte wie ihre berühmten Brüder jedoch nie das Gefühl, richtig dazuzugehören – was ich als «Nachgeborener» (Jg. 1977) der wilden Jahre gut nachvollziehen kann.

1990 änderte sich im Bezirk alles. Es herrschte eine friedliche Anarchie. Zahlreiche Clubs und Kneipen öffneten in zuvor verrammelten Geschäften, etwa das «Tomsky», das «Übereck» und der «Knaack-Klub». Plötzlich gab es in Prenzlauer Berg ein Straßenleben. Die neuen Läden stellten einfach Stühle auf den Bürgersteig. Das Café «Kaffe» wirkt wie ein Überrest dieser Zeit, auch wenn es in dieser Form erst seit 2010 besteht. Bunt zusammengewürfelte alte Polstermöbel füllen den langgestreckten Gastraum, der früher einmal eine Bäckerei war. Und es wird noch richtig urtümlich berlinert im Café «Kaffe», was man ansonsten nicht mehr über Prenzlauer Berg sagen kann, denn der demografische Wandel der Bevölkerung ist in dem durchsanierten Bezirk inzwischen fast komplett.

Prenzlauer Berg gilt als Musterbeispiel der Gentrifizierung. Aus dem heterogenen Ost-Berliner Bezirk ist ein homogenes bürgerliches Wohnquartier geworden, in dem die Kinder wohlhabender westdeutscher Wohnungseigentümer leben. Die Prenzlauer-Berg-«Szene» ist zusammengerückt und trauert um früher. Die alten Witwen, Handwerker und Arbeiter sind verstorben oder verschwunden. Auch meine Eltern sind fortgezogen. Als ich 2005 nach Kreuzberg «rübermachte», war ich der letzte der alten Bewohner, der unser Haus verließ. Marion Brasch lebt dagegen nach wie vor gern in Prenzlauer Berg. Sie ärgert sich nur darüber, dass sie keine Wohnung gekauft hat, weil sie als Ostdeutsche keine Schulden machen wollte.

1 Siehe auch Hanno Hochmuth: Berlin – Ecke Schönhauser 1987/89. Wendejahre in Prenzlauer Berg, in: Jürgen Danyel (Hg.): Ost-Berlin. 30 Erkundungen, Berlin 2019, S. 330–336.

2 Marion Brasch: Ab jetzt ist Ruhe. Roman meiner fabelhaften Familie, Frankfurt/M. 2023, S. 213.

Andrei Pleşu und die Komik der Realität

Vor ein paar Monaten erschien die tausendste Ausgabe von *Dilema*, einer 1993 von dem Philosophen, Kunsthistoriker und Angelologen («Engelforscher») Andrei Pleşu gegründeten, bis heute von ihm herausgegebenen rumänischen Wochenzeitschrift. Es ist damit eine der langlebigsten Publikationen, die nach dem Revolutionsjahr 1989 in den früheren kommunistischen Regimen entstanden. 1989 vom Ceauşescu-Regime aufs Land verbannt, wurde Pleşu nach der Revolution im gleichen Jahr Kultusminister seines Landes und blieb es bis 1991. 1994 gründete er in Bukarest mit dem New Europe College ein rumänisches Institute for Advanced Study, das 1998 mit dem Hannah-Arendt-Preis ausgezeichnet wurde.

Von 1997 bis 1999 war der parteilose Pleşu Minister für die auswärtigen Angelegenheiten seines Landes. Eine bessere Vorbereitung auf diesen politischen Posten als das Engagement für eine Zeitschrift mit dem Titel *Dilema* hätte man sich kaum vorstellen können. Andrei Pleşu hat die Fast-Food-Diplomatie, die wir in der Europäischen Union ohne Widerwillen schlucken, mit einem Sarkasmus beschrieben, der das Entzücken eines historischen Kollegen, des Außenministers und Grafen Talleyrand hervorgerufen hätte. «Es ist ungeheuer stimulierend», schrieb Andrei Pleşu, «sich um eine gute Außenpolitik vor dem Hintergrund einer prekären inneren Situation zu bemühen. Man ist wie ein Geschäftsmann, der Profit machen muss, aber nur virtuelle Waren anbieten kann.»

Wenn es nur mit rechten Dingen zuginge: Die virtuellen Waren Andrei Pleşus hätten in jeden politischen Kaufladen auf unserem Kontinent gehört, sie hätten aus Scherz und Ironie, aus Satire, tieferer Bedeutung und Melancholie Verkaufsschlager der Politik gemacht. Nicht zuletzt die Melancholie gehört zum intellektuellen Inventar Andrei Pleşus, aber keine Weinerlichkeit und – in unserem Land fast unvorstellbar – keinerlei Ressentiment. Zu bitteren Tönen ist Andrei Pleşu nicht fähig. Man muss nur nachlesen, mit welch heiter-ironischen Worten er seine Zeit im innerrumänischen Exil, in einem Nest in Moldawien, beschreibt, um zu bewundern: Keine Diktatur konnte einen Intellektuellen brechen, der stets seinen Blick für die Komik der Realität bewahrte und der auch unter schlimmsten Umständen nichts ernster nahm als – den Humor. Kurz bevor er Rumänien im Jahre 1936 verließ, schrieb Emil Cioran: «Der Stolz eines Menschen, der aus einer kleinen Kultur stammt, ist stets verletzt.» Ich habe Andrei Pleşu nie verletzt erlebt. Vielleicht kann er sich ja auch nur gut verstellen. Die Schlussfolgerung bleibt: Man kann die Kultur eines Landes nicht «klein» nennen, aus der ein intellektuelles Temperament vom Range eines Andrei Pleşu stammt.

Als Andrei Pleşu im Jahre 1991 zum ersten Mal ans Wissenschaftskolleg eingeladen wurde, war er gerade der Politik entronnen und wusste noch nicht, dass er bald wieder in die Politik zurückkehren würde. Dieser Spezialist für Zwischentöne und Zwischenwesen, ein Möglichkeitsmensch mit ausgeprägtem Wirklichkeitssinn, setzte im Wissenschaftskolleg seine Studien über die Engel fort und arbeitete damit an einer Soziologie des Himmels. Ich erinnere mich an Andrei Pleşus obligaten Vortrag im Wissenschaftskolleg: Alle Fellows waren von der heiteren Ambivalenz dieses europäischen Intellektuellen verzaubert. Die Übergangsperiode nach dem Wunderjahr 1989 hat er einmal als die Zeit beschrieben, in der in Mittel- und Osteuropa die intellektuellen Eliten vor dem Dilemma standen, entweder effiziente Teufel oder impotente Engel zu werden. Er selbst ist der Beweis dafür, dass es in dieser Zeit auch effiziente Engel gab.

Wolf Lepenies

ANDREI PLEȘU

Dilema

1000 Mal Extremismus der Mehrdeutigkeit

Die intellektuelle Lage Rumäniens unterschied sich von der der anderen kommunistischen Staaten. Wir hatten keinen *Solidarność*-Arbeiterhelden als Präsidenten (wie die Polen mit Lech Wałęsa), auch keinen avantgardistischen Theaterautor, der politische Opposition betrieb (wie es bei den Tschechen Václav Havel tat). Wir hatten auch keine Tausendsassas wie Michnik oder Geremek als intellektuelle Institutionen, noch nicht einmal einen «Goulaschkommunismus» (János Kádár). Auch hatte Rumänien keine revolutionären Ereignisse und Aufstände wie «Budapest 1958» oder «Prag 1968» durchlebt. Zwar gab es immer mal wieder, 1977 und 1987, vereinzelte Streiks und Proteste: Mutige Köpfe gab es auch bei uns, auch «Dissidenten», aber sie blieben ohne größeres Echo. Die Diktatur in Rumänien kann mit dem sozialistischen Klima, dem Tauwetter der benachbarten russischen Satelliten nicht verglichen werden. Dort gab es weder einen Ceaușescu, der sadistische Freude an der frei gewordenen tyrannischen Planstelle eines Provinz-Stalins fand, noch vergleichbare rigide ökonomische Einschnitte. Und vor allem keinen stets bis in die allerprivatesten Räume «wachsamen» Sicherheits- und Überwachungsapparat. Kurz: Die Rumänen lebten im Ceaușescu-Regime in Angst und Schrecken – und ohne Hoffnung, dass sich an diesem Zustand jemals groß etwas ändern könnte. Vielleicht war deshalb die Revolution im Dezember 1989 die «blutigste Revolution» im gesamten Ostblock.

Die Unterschiede zu den sozialistischen «Bruderstaaten» erklären sich aber wohl auch aus einer spezifisch rumänischen, postrevolutionären Psychologie. Ein klein wenig beschämt vom lämmerhaften Einrichten in die diktatorische Welt, war auf einmal überall nach der revolutionären Wetterwende die «Vereindeutigung» der Welt, ein «Entweder-oder»-Lagerdenken, ein dezisionistisches Bekennerdenken Trumpf. Die öffentliche Meinung kannte nur noch zwei Farben: «schwarz» und «weiß». Wer zuvor die Sicherheit im Schweigen gesucht hatte, fühlte sich nun lautstark dazu berufen, «vorbehaltlos» sich der neuen Zeit anzuschließen. Wer zuvor sein Heil gegen die Diktatur, noch ganz nachvollziehbar und listig, in kleinen privaten Ausflüchten gefunden hatte, bekannte sich nun zur neuen Ordnung ohne «Wenn» und «Aber». Auf einmal sollten mit den alten Demuts- und Unterwerfungsgesten auch gleich alle «fruchtlosen» Diskussionen, alle Abwägungen, alle «Bedenkenträgerei» über den Haufen geworfen werden.

Von einem Augenblick auf den anderen ging die rumänische Öffentlichkeit von der Indifferenz zu Entschlossenheit, von der Apathie zur Virilität, vom Fasten zu einem Karneval über, wo alle sich als Meinungssoldaten für die eine oder eben die andere Sache verkleideten. Endlich waren die Pole «Gut» und «Böse» wieder eindeutig identifizierbar, so dass eine auf die neue Lage justierte, neue Marschrichtung das ganze alte, skrupulöse Nachdenken überflüssig machte. In genau diesem Milieu einer mentalen Zeitenwende schien uns eine neue Zeitschrift unbedingt notwendig zu sein.

Ein schöner Zufall wollte es, dass 1990 eine neu gegründete offizielle «Rumänische Kulturstiftung» just denselben Plan einer neuen Wochenzeitschrift fasste – und mich zu alledem als deren Leiter vorschlug. Ich sagte zu, machte mich gleich an die Arbeit und versuchte, eine Redaktion aus ganz widersprüchlichen Köpfen, unterschiedlichsten Talenten und Charakteren zusammenzustellen, Schriftsteller, Künstler, Journalisten, ältere Köpfe, die noch die Diktatur durchlebt hatten, und jüngere, die aufstrebenden Götterlieblinge. Aber wie sollten wir das Kind nur nennen? Ein wenig ratlos beendete ich eine unserer ersten Redaktionssitzungen mit einem Offenbarungseid: «Ich habe ein Dilemma: Ich weiß nicht, welchen Titel ich wählen soll.» Prompt meldete sich aus unserem Kreis Radu Cosașu: «Nun, nennen wir die Zeitschrift einfach so: Dilema!» Bei aller von Anfang an in der Zeitschrift kultivierten Mehrdeutigkeit: die Entscheidung für den Titel war gefallen. Cosașu, einer der ersten Mitstreiter unseres Kreises, schrieb für *Dilema* lange eine Kolumne, deren Titel Programm war: «Aus dem Leben eines Extremisten der Mitte». Was uns alle in der Redaktion verband, war genau dieses Sensorium für die Grautöne zwischen den Polen, ein «Extremismus» bürgerlicher Mäßigung: Nicht Attentismus oder Kleinmütigkeit waren damit gemeint, sondern kritische Dauerreflexion, Lust an der Hinterfragung aller festen Meinungen, ja stete Freude an der Beschreibung einer «dilemmatischen» Situation auf der komplexen Flughöhe, die diese Situation eben erfordere.

Ich erlaube mir, eine längere Passage aus meinem Artikel «Unser alltägliches Dilemma» zu zitieren, den ich für die erste Ausgabe unserer Zeitschrift am 14. Januar 1993 geschrieben habe *(Abb. 1)*:

«In einer normalen Welt geht jeder Option eine Phase der Überlegung voraus. In unserer Welt jedoch gehen die Entscheidungen den Überlegungen voraus (...). Dies ist eine der ungeordneten Auswirkungen einer unruhigen Welt, die sich in 45 Jahren kommunistischer Diktatur abgewöhnt hat, Menschen und Ideen frei abzuwägen. Eine Welt, in der Entscheidungen nicht auf Überlegungen beruhen, ist eine Welt, in der ein Dialog unmöglich ist. Der Dialog ist ein Austausch von Argumenten. Aber welche Argumente kann jemand anführen, der sich ohne Nachdenken, durch eine spontane Bewegung des eigenen Gemüts, entschieden hat? Für diejenigen, die ‹beschlossen› haben, dass die Vertreter der Macht gut sind, werden die Vertreter der Macht unangreifbar: sie machen keine Fehler, oder sie machen Fehler nur durch die Schuld anderer, oder sie machen auf jeden Fall viel weniger Fehler als die ‹anderen›. Umgekehrt ist für diejenigen, die ‹beschlossen› haben, dass die Vertreter der Macht schlecht sind, jeder ihrer Schritte ein Inbegriff des Irrtums: sie können niemals Recht haben, oder, wenn sie es zufällig tun, dann weil sie schlau sind und uns täuschen wollen. In gleicher Weise ist die Opposition entweder erhaben, ewig gerechtfertigt, der Hort aller Tugenden der Nation, oder verräterisch, destabilisierend, eine Art Höllenmaschine, die von Ungarn, Juden oder Freimaurern in unsere Mitte gesetzt wurde. Im ersten Fall ist die Kritik an der Opposition gleichbedeutend mit einer Jagd auf Engel. Im zweiten Fall ist es eine Verschwörung gegen das Land, wenn man die Opposition lobt. Von Leidenschaften getrieben, halten wir Einsicht für ein Zugeständnis und Analyse für elitäre Passivität. Kurzum, nach der totalitären Erstarrung verfallen wir in einen Taumel schäumender Emotionalität und reagieren mit Hass oder Liebe, wo unser klares Urteilsvermögen wesentlich und produktiv wäre (...). Wir ziehen es vor, uns ohne Überlegung zu entscheiden. Eine Entscheidung würde uns dazu zwingen, die Offensichtlichkeit des Dilemmas einzugestehen, unsere Stimmen zu reduzieren und unsere Brust zu entleeren. Eine Beratung würde uns zwingen, durch Nachdenken das zu lösen, was wir täglich durch den allzu kategorischen Ton blinder Parteinahme blockieren.

Wir glauben, dass vor diesem Hintergrund eine Zeitschrift, die die Überlegungen rehabilitiert, die die Handlungsoption verschiebt, um sie vorzubereiten und zu begründen, nützlich sein kann. Es wäre eine Zeitschrift der überparteilichen Debatte in einem Kontext, in dem alle auf den Gedanken verfallen, eilig die Wahrheit (und die Menschen) in zwei Hälften zu schneiden, um zu einem Urteil und zu Intoleranz zu gelangen (...). In diesem Raum wird unsere Zeitschrift versuchen, sokratisch zu sein: Sie wird kein Monopol auf die Wahrheit beanspruchen und in der Überzeugung, dass das optimale Umfeld für Dummheit schlechter Humor ist, nach Herzlichkeit und Humor streben. Dilemmata werden oft nicht durch feierliche Manöver und Hermeneutik überwunden, sondern durch das Erkennen dessen, was im Gefüge der Zeit schamlose Engstirnigkeit und Farce ist.»

Viele Klippen mussten in den letzten dreißig Jahren von unserem Papierschiff umfahren werden.

Anul I
Nr. 1
joi
14 ianuarie 1993
16 pagini
50 lei

DILEMA

SĂPTĂMÎNAL DE TRANZIȚIE

DIRECTOR: ANDREI PLEȘU ● EDITOR: FUNDAȚIA CULTURALĂ ROMÂNĂ

DIN SUMAR:

MIRCEA IORGULESCU:

OCTAVIAN PALER și IOAN GROȘAN (pag. 4-5)

Z. ORNEA și PETRU IONESCU (pag. 6)

ILIE ȘERBĂNESCU și RADU NICOLAU (pag. 7)

Un dialog cu SILVIU BRUCAN (pag. 8-9)

ANCA MANOLESCU:

MARIANA CELAC și DORIN ȘTEFAN (pag. 11)

RADU COSAȘU:

ȘTEFAN AUG. DOINAȘ:

I.L.CARAGIALE

Abb. 1
«In diesen lustigen und ‹sehr schwierigen› Zeiten, durch die wir die Ehre haben, zu gehen – da der Orient wieder in den Vordergrund getreten ist, (...); da in Bukarest immer wieder Zeitungen und Gazetten erscheinen, wie Pilze, die nach dem Regen auf dem Müll sprießen; da jeder (...) sich mit einem Stück Zeitung in den Streit der Reiche mischt – warum sollte da nicht der Clapon ans Licht kommen, das lustige Bulletin der Ereignisse des Orients? (...) Und dann ist da noch die Tatsache, dass der Kapaun (...) ein eminent neutrales Organ ist, das weder mit den Russen noch mit den Türken sympathisiert. Was haben wir mit den Königreichen zu tun, und sie mit uns? Haarspalterei mit der Mistgabel – wir haben keinen Grund, verbittert zu sein.»
Spruch aus dem Werk des Theaterautors und Meisters der rumänischen Komödie I. L. Caragiale, mit dem «Dilema» auf der ersten Nummer vom 14. Januar 1993 das eigene «lustige Bulletin» ankündigt.

Die Stiftung, unter deren Schirm *Dilema* einst entstand, wurde 2003 durch eine andere politische Institution («Rumänisches Kulturinstitut») ersetzt, die direkt dem Staatspräsidenten und später auch dem Senat unterstellt war. Dieser nun für unser Blatt selbst «dilemmatischen» Situation, intellektuelle Freiheiten in einem «Staatsorgan» verteidigen zu wollen, haben wir uns sofort entzogen, als die Spielräume für uns immer kleiner wurden. Damit verloren wir gleichzeitig die Rechte am alten Titel, fanden in diesem Interregnum aber schnell einen neuen Titel für unser neuestes Zeitschriftendilemma: *Dilema Vecha* («Altes Dilemma»). Seit Ende 2023 wird die Zeitschrift in privater Initiative von einem «Verein der Freunde von Dilema» getragen. Auch kehren wir für die hoffentlich nächsten tausend Ausgaben zu unserem ursprünglichen Titel zurück, dem zeitlosen *Dilema.*

Dilema ist heute ein intellektuelles Journal, in dem Publizisten, Wissenschaftler, Schriftsteller aus der ganzen Welt über alle Phänomene aus Kultur, Politik und Gesellschaft schreiben. Wie die *Zeitschrift für Ideengeschichte* hat auch jede Ausgabe von *Dilema* einen Schwerpunkt, der aus der Mitte der Redaktion komponiert wird. Dabei sind der Phantasie keine Grenzen gesetzt: «Über die Gerechtigkeit: Theorien, Meinungen, Neurosen», «Witze für eine mögliche Geschichte des Ichs», «Der amerikanische Traum», «Europa, mon amour», «Ideologisierung der Körperlichkeit», «Urlaub als Stress», «Was ist gesunder Menschenverstand?» (...)

Eine Prekarität in der Finanzierung begleitete *Dilema* von Anfang an, auch wir hatten mit dem Schwund einer gebildeten Leserschaft zu kämpfen. Aber noch liegen wir mit der Auflage der Papierausgabe viermal über der berühmten Hans Magnus Enzensberger'schen Lyrik-Quote – der zweitausend «Verrückten» –, die sich neben einer Tageszeitung noch den Luxus eines Intelligenzblatts zur weiteren Verkomplizierung der Situation leisten wollen. (Online verzeichnet *Dilema* Woche für Woche mehr als 70 000 Zugriffe.) Und auch eine andere schöne Nachricht soll hier nicht verschwiegen werden. Mehr als die Hälfte unserer Leser sind Leserinnen.

Leider wurde unsere Einladung zur intellektuellen Großherzigkeit, auch zur humoristischen Aufklärung der Situation, nicht immer von allen verstanden. Was wir eben gerade nicht wollten, war, aus Gelassenheit und liberaler Unentschiedenheit auf politische Urteilskraft zu verzichten. Vor allem Urteil sollte die argumentative Erhellung der Lage stehen, dazu gehörte auch die Irritation eigener Gewissheiten.

Agnieszka Pufelska

Ein polnisches «Phänomen» am preußischen Hof

In der Mitte des 18. Jahrhunderts wurde die «polnische Frage» zum Prüfstein des europäischen Gleichgewichts. Die russische Kaiserin Katharina II. hatte die Schiedsrichterrolle in Europa übernommen. Nach dem Siebenjährigen Krieg musste der preußische König Friedrich II. die russische Hegemonie in Polen bedingungslos akzeptieren. Den Beginn der preußisch-russischen Koalition markierte die polnische Königswahl von 1764. In diesem Jahr kam auch Katharinas ehemaliger Geliebter Stanisław August Poniatowski auf den polnischen Thron. Russland und Preußen waren allerdings überrascht, als Teile des polnischen Adels 1768 eine Konföderation ausriefen, um den König vom Thron zu jagen und die russische Vormachtstellung zu beseitigen.

Friedrich II. reagierte mit Verachtung auf den gegen den eigenen König rebellierenden Adel. Allein für eine Gräfin machte er eine Ausnahme: Marianna Skórzewska. In zahlreichen Briefen an die polnische Adlige war der Preußenkönig bemüht, ihr in väterlichem Ton zu erklären, dass die Konföderierten auf verlorenem Posten stünden und dass sie sich aus der ganzen Angelegenheit besser zurückziehen solle.[1] Dem königlichen Rat folgte sie letztendlich und entschied sich, Friedrichs Wohlwollen überdies durch das Bedienen seiner wissenschaftlichen Neugier zu sichern. Die Strategie ging auf, denn bereits im Februar 1767 schrieb Friedrich an Voltaire:

«Es weilt hier eine polnische Gräfin. Sie heißt Skórzewska und ist sehr wohl eine Art von Phänomen. Diese Frau weist nämlich eine enorme Vorliebe für die Wissenschaft auf. Sie kann Latein, Griechisch, Französisch, Italienisch und Englisch. Alle klassischen Autoren hat sie in diesen Sprachen gelesen und scheint diese sehr gut zu kennen. Eine benediktinische Seele bewohnt ihren Leib und dennoch hat sie viel Witz (...). Diese Polin kann logisch reden und explizieren. Seit drei Wintersaisons trifft sie sich mit den Berliner Gelehrten und gibt sich ganz ihrer Bildungsleidenschaft hin. Ich führe sie den hiesigen Frauen als Beispiel vor, zumal sie hier viel leichteren Zugang zur Bildung hätten, als es in diesem Polen möglich ist.»[2]

Es muss wohl als bedeutungsvoll gelten, wenn der in seiner Einstellung Frauen gegenüber als kritisch geltende Friedrich Marianna Skórzewska als «d'une espèce de phénomène» charakterisiert. Wer war diese polnische Gelehrte, die zwischen den Konföderierten und dem preußischen Monarchen vermittelte und als Frau Zugang zur exklusiven Berliner Gelehrtenrepublik fand?

Marianna Skórzewska wurde am 6. Dezember 1741 in die alte und wohlhabende Adelsfamilie Ciecierski in Gollanz (Gołańcz) bei Posen hineingeboren. Durch ihre Heirat mit dem fast dreißig Jahre älteren und nicht minder wohlhabenden Grafen und General im polnischen Heer, Franciszek Skórzewski, stieg sie zu einer der reichsten Frauen Polens auf. Für die über das intellektuelle Niveau der Provinz weit erhabene Gräfin, die sich für die Errungenschaften der Aufklärung interessierte, bot das Landleben in Margonin bei Bromberg (Bydgoszcz) jedoch kaum Entwicklungsmöglichkeiten. Nach der Geburt von zwei Töchtern entschloss sich die gesundheitlich angeschlagene Wissenssucherin daher, in Berlin nach ärztlicher Hilfe zu suchen und bei dieser Gelegenheit an Ort und Stelle auch ihren wissenschaftlichen Interessen nachzugehen, wohl wissend, dass der Weg ins Herz der Berliner Kultur- und Wissenschaftswelt nur über den preußischen Hof führte. Als bekannte und bekennende Verehrerin Friedrichs II. hatte sie freilich kaum Schwierigkeiten, das «entré billet» zum Königshaus zu bekommen. Über ihre Aufenthalte in Berlin weiß man allerdings wenig Konkretes. Bekannt ist nur, dass sie nicht durch «Reize und Charme ihres Geschlechts, sondern durch ihren Witz und Geschmack in der Literatur» die Sympathie Friedrichs II. gewonnen haben soll.[3]

Nicht weniger beeindruckt von Skórzewskas Anmut und Wissbegier war die Berliner Gelehrtenrepublik, worauf nicht nur die zahlreichen privaten

Kontakte hindeuten. Am 29. Januar 1767 wurde sie von der Königlich Preußischen Akademie der Wissenschaften eingeladen, der Feierlichkeit anlässlich von Friedrichs Geburtstag beizuwohnen und sich den Vortrag von Paul Jeremias Bitaube über den Einfluss der schönen Wissenschaften auf die Weltweisheit anzuhören. Dies sollte nicht die einzige Einladung der ansonsten eher frauenskeptischen Akademie für die gebildete Polin bleiben. Zwei Jahre später, ebenfalls anlässlich der Feier zum Geburtstag Friedrichs, war «sie selbst dabei zugegen», als in der Akademie ihre Abhandlung «Remarques sur l'origine des Polonais» vorgetragen wurde. Doch obwohl sich die «schöngeistige und gelehrte Gräfin Skórzewska» um die Mitgliedschaft in der Akademie bemühte, wurde ihr «ein Sitz nicht eingeräumt». Allein Kaiserin Katharina II. kam diese Ehre zu. «Der König und die Akademiker waren stolz auf diese Collegin – die einzige, welche sie gehabt haben.»[4]

Skórzewskas besonderes wissenschaftliches Interesse galt der Physik und Mathematik. Sie soll physikalische und ökonomische Abhandlungen verfasst und sie dem verehrten preußischen Monarchen gewidmet und geschickt haben.[5] Friedrich II. konnte mit den wissenschaftlichen Untersuchungen der polnischen Autodidaktin offenbar nicht allzu viel anfangen, denn nur in einem von seinen zahlreichen Briefen an sie geht er auf ihre Forschungsarbeit kurz ein und bemerkt schmeichelhaft, dass Descartes oder Gassendi die Fragen nicht besser beantworten könnten.[6] Welche Fragen der Wissenschaft Marianna während ihrer Berliner Aufenthalte im Einzelnen beschäftigten, erfährt man aus einem Schreiben des Hofmeisters von Holland an das führende Akademiemitglied Johann Heinrich Lambert:

«Die Gräfin Skorzewska hat mir letzthin das Problem aufgegeben, zu drei gegebenen Zirkeln einen vierten zu finden, der jene drei berührt. Ich habe zwar bereits die Auflösung davon gemacht. Die Rechnung ist aber entsetzlich mühsam gewesen und hat mich endlich auf eine bis zum Eckel zusammengesetzte biquadratische Gleichung geführt.»[7]

Mit derselben Aufgabe wurde auch Lambert selber von Skórzewska betraut. Seine Lösung des Problems, die er durch die trigonometrische Formel erhalten und ihr mitgeteilt hat, wies sie aber mit dem Argument zurück, «eine geometrische würde dem Obrist Ricaut besser anstehen».[8] Die schroffe Antwort an «das erste Genie in Deutschland», wie Kant 1765 Lambert bezeichnete,[9] lässt darauf schließen, dass sich Skórzewska selbst an der Bearbeitung dieses mathematischen Problems beteiligte und nach einer Lösung suchte, die ihrer eigenen Denkrichtung entsprach. So konnte sie die Richtigkeit der von den Berliner Gelehrten bei ihr eingereichten Resultate beurteilen und erfolgreiche Lösungsansätze großzügig honorieren. Die polnische Gräfin wusste also nicht nur wissenschaftliche Debatten im aufgeklärten Berlin anzuregen, sondern galt auch als ein geachtetes und einflussreiches Mitglied dieser von Männern dominierten Wissenschaftslandschaft.

Entsprechend der Einstellung ihrer Zeit sah Skórzewska in der Gelehrsamkeit einen Weg, den Verstand zu schulen und die eigene Glückseligkeit zu erhöhen. Problematisch für die Zeitgenossen war es allerdings, dass der ihre ein weiblicher Verstand war. All die alten Einwände, dass die Frau kein vollkommener Mensch sei und sie weniger Verstand habe als der Mann, wurden am friderizianischen Hof kaum in Frage gestellt. Entsprechend überschritt Skórzewska für einen Anonymus vom Hof offenbar die durch ihr Geschlecht gesetzten Grenzen, denn gutmütig mahnte er sie:

«Pourquoi donc, chère Comtesse, occuper Votre esprit soit à quarrer le cercle, ou chercher l'infini?
Tandis que Vos beaux jours avec rapidité courent après la saison qui succède à l'été.»[10]

Höchstwahrscheinlich stammt dieser «gut gemeinte» Ratschlag aus der Feder des Privatsekretärs und königlichen «Vorlesers» Henri de Catt. Noch mehr als Skórzewskas Wissenschaftsinteresse störte den reformierten Schweizer aber ihre Schwangerschaft. «Ceci est bien, cela est mal; vous n'auriez pas voulu être enceinte», schreibt er ihr empört.[11] Das hohe Risiko nahm die gesundheitlich labile Gräfin Skórzewska jedoch bewusst in Kauf und gebar 1768 einen gesunden Sohn. Der Umstand, dass das Kind im September in Berlin zur Welt kam, exakt neun Monate nachdem die Gräfin bei ihrem letzten Winteraufenthalt häufig an der königlichen Tafel saß, ließ in den sensationslüsternen Hofkreisen das Gerücht entstehen, Friedrich II. sei Vater des Kindes. Genährt wurde diese – wie man spätestens seit dem Buch *Das Komma von Sans, Souci* von Heinz-Dieter Kittsteiner weiß[12] – völlig unberechtigte Vermutung zusätzlich durch die Tatsache, dass das Neugeborene den Namen Friedrich bekam und dass der preußische König die Patenschaft übernahm.

Die kursierenden Gerüchte über Friedrichs mögliche Vaterschaft sowie das enge Verhältnis Skórzewskas zum Thronfolger veranlassten den Preußenkönig, die in die Geheimnisse des königlichen Alkovens eingeweihte polnische Gräfin vom Hof zu entfernen. Die erzwungene Distanz zum preußischen Königshaus bedeutete aber keinen Bruch mit Berlin oder einen Wandel in Skórzewskas preußenfreundlicher Haltung, zumal sich Friedrich II. in seinem Briefwechsel mit ihr keinesfalls zurückhaltender gab und sie ununterbrochen seiner Freundschaft und seines Wohlwollens versicherte.[13] Nicht einmal die Beteiligung Preußens an der ersten Teilung Polens (1772) konnte Skórzewskas Begeisterung für Preußen erschüttern. Im Gegenteil: Während der preußischen Grenzziehung infolge des Teilungstraktats überzeugte sie die preußische Regierung, auch ihre Ländereien in den preußischen Anteil einzubeziehen, damit sie wegen ihrer in Warschau bekannten preußenfreundlichen Gesinnung keine Konfiskation der Güter befürchten muss. Der preußische König sah keinen Grund, ihren Wunsch abzulehnen, und verschob die Grenze um zwei Meilen, womit Preußen beinahe 2000 Untertanen hinzugewann.[14]

Später unterstützte Skórzewska den von Preußen forcierten Plan, die Flüsse Netze, Weichsel und Oder durch einen Kanal zu verbinden und damit eine Verknüpfung der wichtigsten Wasserstraßen der Region zu erreichen. Den Abschluss dieses Projektes hat die gescheite Gräfin jedoch nicht mehr erlebt. Mit knapp 32 Jahren erlag sie im November 1773 der Schwindsucht. Betroffen reagierte der Preußenkönig auf die Nachricht von ihrem Tod. In einem Brief an seinen Bruder äußert er sein Bedauern mit dem Satz: «Ich könnte sie nur loben.»[15]

Da Skórzewska in Berlin verstarb, berichteten die *Berlinischen Nachrichten* vom 27. November eingehend über ihren Tod, wobei der Berichterstattung ein bezeichnender Fehler unterlief. Fälschlicherweise wurde darin behauptet, in Anbetracht der vielen Kenntnisse von Skórzewska sei sie als Mitglied in die Akademie der Wissenschaften aufgenommen worden.[16] Was der ehrgeizigen Polin zu Lebzeiten verwehrt war, wurde ihr nun – wenn auch irrtümlich – postum zugeschrieben. Skórzewska wurde als erste Frau in der nach 26 Jahren Bauzeit immer noch nicht ganz fertiggestellten St.-Hedwigs-Kathedrale beigesetzt. In einem schweren Bombenangriff auf Berlin wurde die Kathedrale in der Nacht vom 1. zum 2. März 1943 bis auf die Umfassungsmauern zerstört. Das Gewölbe 3, wo sich Skórzewskas Grab befand, brannte vollständig aus. Somit verschwand unwiderruflich die letzte Spur der polnischen Gelehrten in Berlin.

Vor dem Hintergrund der hier nur knapp skizzierten Bedeutung Skórzewskas verwundert es, dass die deutschsprachigen Friedrich-Forscher dieser polnischen «Episode» aus seinem Leben bislang kaum Aufmerksamkeit geschenkt haben. Auch in der heutigen Berliner Aufklärungsforschung taucht sie nirgendwo auf. Nicht einmal die ambitionierte Studie über Frauen in Akademie und Wissenschaft (1700–2000), welche die Geschichte der Berliner

Akademie in einer geschlechterbezogenen Perspektive zu reflektieren verspricht, erwähnt ihren Namen.[17] Eine derart bedenkliche Ignoranz lässt sich der polnischen Fachwelt dagegen nicht nachsagen. In fast jeder nationalgeschichtlich orientierten Geschichtsabhandlung über die Beziehung Friedrichs zu Polen wird die Gräfin Skórzewska genannt. Obwohl sie sich in den Briefen an den preußischen König immer wieder für die polnischen Angelegenheiten einsetzte und sich selbst als «Patriotin» bezeichnete,[18] wird sie dort durchgehend als eine aus vollem Herzen überzeugte Anhängerin Preußens charakterisiert und somit auch als eine Landesverräterin.[19]

1 Siehe die Briefe von Friedrich an Skórzewska in: Œuvres de Frèdèric le Grand, herausgegeben von Johann David Erdmann Preuß, Bd. 1–31, Berlin 1846–1857, hier Bd. 25, S. 663–678, hier S. 668.

2 Œuvres de Frèdèric le Grand, Bd. 23, S. 140 f. (Übersetzung der Autorin).

3 Józef Wybicki: Życie moje własne, Kraków 1927, S. 84.

4 Adolf Harnack: Geschichte der Königlich Preußischen Akademie der Wissenschaften zu Berlin, Berlin 1901, S. 280 f.

5 Adam Skałkowski: Hr. Skórzewska a dwór Fryderyka II., Poznań 1934, S. 16.

6 Vgl. Unveröffentlichte Briefe von Friedrich II. an Marianna Skórzewska in: GStA, Rep. 47 J, Brandenburgisch-Preußisches Hausarchiv, Nr. 542, K. 45.

7 Die polnische Gräfin Skorzewska und die beiden Mathematiker Johann Heinrich Lambert und Georg Jonathan von Holland über die Aufgabe von der Beschreibung eines drei andere gegebene Kreise berührenden Kreises, in: Archiv der Mathematik und Physik, hg. von Johann August Grunert, Bd. 28, Greifswald 1857, S. 355.

8 Ebd., S. 356.

9 Immanuel Kant an Johann Heinrich Lambert, 31.12.1765, in: Kant's gesammelte Schriften, hg. von der Königlich Preußischen Akademie der Wissenschaften, Bd. 10, Berlin 1900, S. 59.

10 Zit. nach Skałkowski: Hr. Skórzewska a dwór Fryderyka II., S. 10.

11 Ebd.

12 Vgl. Heinz-Dieter Kittsteiner: Das Komma von Sans, Souci. Ein Forschungsbericht mit Fußnoten, Heidelberg 2001, S. 34–46.

13 Unveröffentlichte Briefe von Friedrich II. an Marianna Skórzewska, in: GStA, Rep. 47 J, Brandenburgisch-Preußisches Hausarchiv, Nr. 542, K. 26–51.

14 Vgl. August Gottlieb Meißner: Leben Franz Balthasar Schönberg von Brenkenhof, Königl. Preuß. geheim. Ober-Finanz-Kriegs- und Domainenrath, Leipzig 1782, S. 111.

15 Politische Correspondenz Friedrich's des Großen, hg. von Gustav Berthold Volz (u. a.), Bd. 1–46, Berlin (u. a.) 1879–1939, hier Bd. 34, S. 287 und 299.

16 Berlinische Nachrichten von Staats- und gelehrten Sachen, 27.11.1773.

17 Frauen in Akademie und Wissenschaft. Arbeitsorte und Forschungspraktiken (1700–2000), herausgegeben von Theresa Wobbe, Berlin 2002.

18 Unveröffentlichte Briefe von Friedrich II. an Marianna Skórzewska, in: GStA, Rep. 47 J, Brandenburgisch-Preußisches Hausarchiv, Nr. 542, K. 15.

19 Vgl. dazu Władysław Konopczyński: Fryderyk Wielki a Polska, Poznań 1981, S. 62.

Horst Bredekamp

Einsame Statue

Franz Beckenbauer und das Schweigen des Künstlers

Die deutsche Mannschaft war drückend überlegen, aber es fehlten die Tore; ein schmeichelhafter Elfmeter, den Andy Brehme gegen alle Absprachen ausführte, weil den Kapitän und eigentlichen Schützen Lothar Matthäus in einem psychosomatischen Übersprung der Schuh drückte, brachte den erlösenden 1:0-Sieg über Argentinien im Finale der Fußball-Weltmeisterschaft am Abend des 8. Juli 1990 in Rom. Nach dem Schlusspfiff wogte der Pulk der Mannschaft als ein zuckendes Bündel von Gesten der Verbrüderung, des rasenden Triumphes und der Fassungslosigkeit über die Hälfte des Platzes zur deutschen Stadiontribüne, um dort im Sommer der Wiedervereinigung von einem schwarz-rot-goldenen Fahnenmeer jubelnder Zuschauer aufgesogen zu werden. Auch die Italiener, die zuvor gegen Maradonas Argentinien in Neapel ausgeschieden waren, hielten mehrheitlich zu den *tedeschi*.

Angesichts der schwer zu durchdringenden Szenen der Ekstase fiel zunächst nicht auf, dass die zentrale Figur bei diesem Triumphlauf fehlte. Erst als die gutturale Stimme des Fernsehkommentators Gerd Rubenbauer urplötzlich die Tonlage wechselte und ergriffen berichtete, dass der Teamchef Franz Beckenbauer im Jubelmeer nicht zu entdecken war; und als ihn die Kamera einfing, wie er in sich gekehrt, sinnierend, bisweilen verharrend, langsam über den Rasen schritt, wurde wohl jeder Zuschauer von dieser Geste der Erhabenheit erfasst.

Die Körpersprache der schweigenden Einsamkeit eines Einzelnen gegenüber einer Masse von 80 000 Stadionbesuchern war nicht geplant. Beckenbauer berichtete später, dass es ihm nach dem Schlusspfiff unmöglich war, sich selbst zu finden, weil er im Pulk der Fotografen und der auf ihn einprasselnden Wünsche, bestimmte Siegesposen gemäß der Kameraperspektiven einzunehmen, die Beherrschung verlor. Ihm habe eine innere Stimme eingegeben, in der Mitte des Spielfeldes jene Ruhe zu finden, die sich im Kern einer Hurrikanspirale einstellt. Auch die Mannschaft war auf den Moment des Triumphes unvorbereitet. Gefragt, was ihm an diesem Abend am stärksten in Erinnerung geblieben sei, hat Pierre Littbarski später mit dem Hinweis auf die distanzierte, aus dem Jubelbild gefallene Erscheinung des Trainers inmitten der tosenden Menge geantwortet. Alles wäre zu erwarten gewesen, jedweder Flow des Mitfließens im Strom einer Freude, die bis an das Lebensende nachhallen würde, aber keinesfalls die Vereinzelung im Moment eines Triumphes, der allein aus dem Kollektivspirit der Mannschaft zu erreichen war.

Warum sich die Bildsprache der Körper beim Pass in die Tiefe von Räumen und Zeiten zu wiederholen vermag, bleibt rätselhaft. Was Beckenbauer als Rhetorik der Einsamkeit und des Schweigens in Rom überkam, gehörte zur zweiten Form der aus der Antike überlieferten Varianten der erhabenen Rede: einerseits dem Brüllen nach Art des «Löwen», andererseits dem Verstummen wie eine «Säule». In der ersten Art liegt kein Geheimnis. Es handelt sich um einen Überwältigungseffekt aufgrund einer Entfesselung der Stimme. Die zweite aber ist so unergründlich wie das Ingenium der Intuition. Sie gewinnt ihre Kraft aus einer paradoxen Spannung, welche die Rede nutzt, indem sie diese unterdrückt. Sie spielt mit den Erwartungen des Gegenübers, um diese ins Leere laufen zu lassen. Auf diese Weise entsteht eine Resonanz zwischen dem schweigenden Sprechen und dem unerlösten Wunsch zu hören, die weitaus komplexer und vielsagender ist als die lautstarke Fanfare einer mächtigen Stimme.

Catenaccio der Renaissance

Die zweite Form der erhabenen Stimme, die schweigende Selbstisolierung, lässt, sowie das tosende Stadion imaginär mit der Landschaft vertauscht wird, an Personen zwischen Land und Meer in der Malerei Caspar David Friedrichs denken: still, und nicht weniger isoliert von der aufbrandenden Umgebung. In besonderer Weise hat dieser Scheideakt jedoch die Renaissance betört.

Im 16. Jahrhundert widmete Celio Calcagnini, Professor des Humanismus an der Universität von Ferrara, der sich auch als Soldat und Diplomat einen Namen machte und der ein Freund von Nikolaus Kopernikus war, dieser *ars tacendi*, der «Kunst des Schweigens», eine umfangreiche Abhandlung.[1] Eine enigmatische Szene, in der sich die Zwiesprache zwischen Künstler und Souverän wie unter symmetrisch Ebenbürtigen herausbildete, stand unter dem Motto dieser Schweigekunst. Sie entschied über nicht weniger als große Bereiche der frühneuzeitlichen Stilformen.

Im Februar 1545 wurden angesichts der Gefahr, dass die türkische Flotte Italien und vor allem Rom angreifen würde, hektische Überlegungen angestellt, die Wehranlagen der Stadt oder zumindest des Vatikans zu verstärken. Der Konkurrent Michelangelos in Fragen der Architektur, Antonio da Sangallo, der die römische Baukunst in diesem Moment beherrschte, legte in einem Showdown zwischen den beiden vor der versammelten Kommission von Papst Paul III. Karte auf Karte vor, um die geplanten Befestigungen jeweils ausführlich zu erläutern. Als Michelangelo aufgefordert wurde, seine eigenen Konzepte zu verteidigen, blieb er trotz wiederholter Aufrufung stumm. Der Militär Alessandro Vitelli berichtete dem Papst mehrfach, dass Michelangelo nichts gesagt habe. Seine Worte schlossen damit, dass Michelangelo so stumm geblieben sei, dass er ihm wie «eine Statue» *(una statua)* erschienen sei. Paul III. erfasste die Botschaft unmittelbar. Seine Antwort lautete, dass Michelangelo Recht habe, weil seine Integrität und Klugheit des Schweigens größer sei als das marktschreierische Gehabe Sangallos. Diese Lizenz bedeutete nicht nur den Auftrag über die Befestigung des Vatikans, sondern, in der Folge, auch die Übertragung des Baubetriebs von St. Peter, das in kompletter Abwendung von dem bis dahin Gebauten jene Kirche hervorbrachte, die bis heute das Herz des Katholizismus ausmacht *(Abb. 1)*.[2]

Man wird die historische Bedeutung der beiden römischen Urszenen aus dem 16. und dem 20. Jahrhundert – den Baumeister, der mit seinem Stil Generationen von Architekten prägte, und den Meister des Fußballs, der als Spieler wie Trainer auf der größtmöglichen Bühne erfolgreich war – nicht miteinander vergleichen können. Wohl aber den Willen, sich der nivellierenden Rhetorik eines ewigen Redens zu verweigern.[3] Beide Künstler, jener mit dem Meißel und jener mit dem Ball, die je für sich als Genies der Gestaltung begriffen werden können, haben aller Wahrscheinlichkeit nach ohne Kalkül agiert. Vermutlich ist nur auf indirekte Weise jene dramatische Wirkung zu erreichen, die durch Vereinzelung und Verstummung nach innen geht, um aus dieser intrinsischen Bewegung heraus den Halo der Unantastbarkeit zu erzeugen – einer Strahlung gleich, in deren Nähe sich niemand zu nähern oder zu widersprechen traut. Dies ermöglichte den höchst unwahrscheinlichen Moment, dass ein Kaiser in der Stunde des größten Triumphes sich unter aller Augen gleichsam aus der Welt zurückzog.

1 Descriptio Silentii, in: Celio Calcagnini: Opera aliquot, Basel 1544,S. 491–494.

2 Der in der Bildlegende zitierte Brief von Michelangelo an Georgio Vasari vom 17. August 1557 findet sich in:Il Carteggio di Michelangelo, Bd. V, Hrsrg. von Paola Barocchi und Renzi Ristori, Florenz 1983, S. 118.

3 Vgl. zu diesem Gestus allgemein: Florian Meinel: Die «Gegenkraft des Schweigens». Carl Schmitts Politik der Stille, in: Carl Friedrich Gethmann / Vivian Liska (Hrsg.): Grenzen der Sprachlosigkeit, Göttingen 2023, S. 87–110.

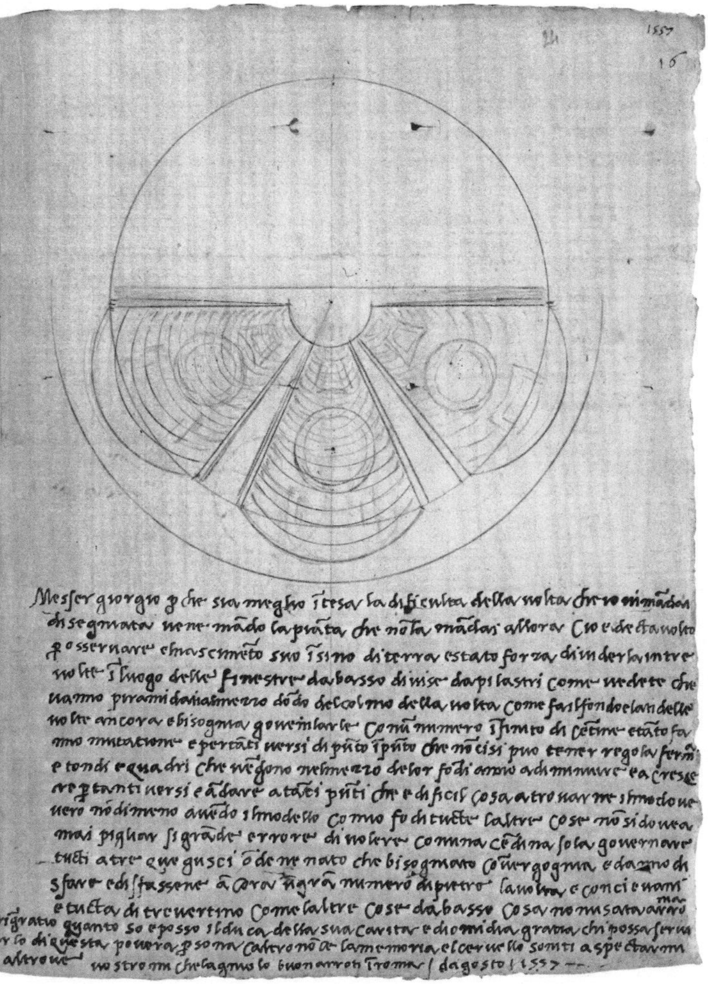

Abb. 1
«Mein Gedächtnis und mein Gehirn haben sich auf den Weg gemacht, um mich andernorts zu erwarten» / «La memoria e 'l cervello son iti aspectarmi altrove». Diese Aussage bildet den Schlusssatz des Briefes von Michelangelo an Giorgio Vasari vom 17. August 1557, in dem er die Schwierigkeiten bei der Errichtung einer der Apsiskuppeln des Neubaues von St. Peter in Rom erläutert. Die Zeichnung steht wie eine Arena, aus der sich Michel angelo verabschiedet, über dem Brief. Kreide, Rötel, 284 x 211 mm, Arezzo, Casa Vasari, Cod. 12, cap. 24 (T 594).

Bildnachweis:
Abb. 1: Aus Golo Maurer: Michelangelo. Die Architekturzeichnungen: Entwurfsprozess und Planungspaxis, Schnell & Steiner, Regensburg 2004.

Die Autorinnen und Autoren

MATTEO BERTELÉ
geb. 1978, ist Professor für Kunstgeschichte an der Università Cá Foscari in Venedig. 2020 ist erschienen *Arte sovietica alla Biennale di Venezia (1924–1962).*

HORST BREDEKAMP
geb. 1947, ist Professor für Kunstgeschichte an der Humboldt-Universität zu Berlin. 2001 ist erschienen *Florentiner Fußball: Die Renaissance der Spiele.*

KAREL ČAPEK
(1890–1938), war Journalist und Science-Fiction-Autor der Zwischenkriegszeit. *Chvála zahálky* (Lob des Nichtstuns) erschien zuerst am 27. März 1923 in der Zeitung *Lidové noviny.*

HANA GRÜNDLER
geb. 1976, leitet die Forschungsgruppe *Etho-Ästhetiken des Visuellen* am Kunsthistorischen Institut in Florenz – Max-Planck-Institut. 2019 ist erschienen *Die Dunkelheit der Episteme. Zur Kunst des aufmerksamen Sehens.*

HANNO HOCHMUTH
geb. 1977, ist Historiker am Leibniz-Zentrum für Zeithistorische Forschung Potsdam. 2024 erscheint *Berlin. Das Rom der Zeitgeschichte.*

JULIA KISSINA
geb. 1966, ist Fotografin und Schriftstellerin. 2016 ist ihr Roman über die Moskauer Untergrundszene erschienen *Elephantinas Moskauer Jahre.*

KATALIN KRASZNAHORKAI
geb. 1977, Kunsthistorikerin, ist die kuratorische Leiterin der Brandenburgischen Gesellschaft für Kultur und Geschichte in Potsdam. 2019 ist erschienen *Artists & Agents. Performancekunst und die Geheimdienste* (Hg. zus. mit Sylvia Sasse).

WOLF LEPENIES
geb. 1941, ist Professor Emeritus für Soziologie und Permanent Fellow am Wissenschaftskolleg zu Berlin. 2016 ist erschienen *Die Macht am Mittelmeer. Französische Träume von einem anderen Europa.*

MAGDALENA NIESLONY
ist seit März 2024 Universitätsprofessorin für Kunstwissenschaft an der Universität Innsbruck. 2016 ist erschienen *Bedingtheit der Malerei. Ivan Puni und die moderne Bildkritik.*

JELENA PETROVIČ
geb. 1974, ist Kunsttheoretikerin und Mitbegründerin der feministischen Kuratorinnengruppe «Red Min(e)d». 2018 ist erschienen *Women's Authorship in Interwar Yugoslavia. The Politics of War and Struggle.*

ANDREI GABRIEL PLEŞU
geb. 1948, Philosoph und Kunsthistoriker, ist Mitbegründer des New Europe College in Bukarest und der wöchentlichen Zeitschrift *Dilema.*

ISOTTA POGGI
ist Kuratorin für Fotografie am Getty Research Institute in Los Angeles und leitet dort das Forschungsprojekt *On the Eve of Revolution: The East German Artist in the 1980s.*

AGNIESZKA PUFELSKA
lehrt Geschichte der Frühen Neuzeit an der Universität Potsdam. 2017 ist erschienen *Der bessere Nachbar? Das polnische Preußenbild zwischen Politik und Kulturtransfer (1764–1794).*

JÖRG SCHELLER
geb. 1979, ist Professor für Kunstgeschichte an der Zürcher Hochschule der Künste (ZHdK) und ständiger Gastdozent an der Kunstuniversität Poznań. 2023 ist erschienen *Make Metal Small Again. Zwanzig Jahre Malmzeit* (zus. mit Jochen Neuffer).

JÖRG VÖLLNAGEL
geb. 1967, ist Kunsthistoriker und an den Staatlichen Museen zu Berlin tätig. Er ist Kurator zahlreicher sammlungsübergreifender Ausstellungen, zuletzt *Zwischen Kosmos und Pathos. Berliner Werke aus Aby Warburgs Bilderatlas Mnemosyne.*